U0599066

修斯的秘密笔记
生活在俄罗斯才知道

蒋 习 著
郭素平 绘

中国国际广播出版社

图书在版编目（CIP）数据

生活在俄罗斯才知道 / 蒋习著. —北京：中国国际广播出版社，
2021.7
（修斯的秘密笔记）
ISBN 978-7-5078-4336-1

Ⅰ. ①生… Ⅱ. ①蒋… Ⅲ. ①俄罗斯－概况－青少年读物
Ⅳ. ①K951.2–49

中国版本图书馆CIP数据核字（2018）第157719号

修斯的秘密笔记：生活在俄罗斯才知道

著　　者	蒋　习
绘　　者	郭素平
策划编辑	李　卉　宋晓舒
责任编辑	林钰鑫
校　　对	张　娜
设　　计	国广设计室

出版发行	中国国际广播出版社有限公司 ［010–89508207（传真）］
社　　址	北京市丰台区榴乡路88号石榴中心2号楼1701
	邮编：100079
印　　刷	环球东方（北京）印务有限公司

开　　本	710×1000　1/16
字　　数	270千字
印　　张	19.5
版　　次	2021 年 7 月 北京第一版
印　　次	2021 年 7 月 第一次印刷
定　　价	69.00 元

版权所有　盗版必究

永远不要停下发现世界的脚步

小时候，我养成了一个很特别的习惯，总喜欢盯着世界地图看，找认识的或是不认识的国家，做着长大以后可以周游世界的美梦。虽然歌词里说外面的世界很精彩，但到底是不是精彩，又是怎样的精彩，我也不知道。但我知道，那是个很不一样的世界，我想去看看。

那时候觉得最理想的职业莫过于《正大综艺》的外景主持，可以始终保持着对这个世界的热情，走在不同的陌生角落里，去发现，去体验。这几年，因为工作的原因，我去了很多国家，看到了不同的风景，参观了不同的博物馆，踏访了不同的文化遗产。这个美梦，我正在一点一点地实现着。

但偶尔想起来，总觉得自己出发晚了，所以，几乎每次在和家长交流时，我总会说，趁着孩子还在愿意与你同行的年纪，享受行走在世界旅途上的乐趣吧。有些乐趣是偶然从生命的拐角处出现在你面前，也许这个乐趣，在短暂的人生里也只会出现这短暂的一瞬。除了乐趣，我们为什么要和孩子去行走呢？

为了好奇。始终愿意去探寻，始终愿意去尝试的好奇心，对今天的人们来说是多么的难能可贵。这份好奇会时不时地点燃我们生活里的热情，给予平淡的时光更多的色彩。对的，生命的色彩本该是绚丽的，尤其是童年。

为了视野。世界正是因为它的不同而美丽。当我们行走其中，时时都在观察着、感受着、理解着这其中的不同。除了在自己专业领域的深耕之外，更加开阔的视野会带给我们意想不到的惊喜。

为了胸怀。当我们的孩子眼中看到的不同更多，心中思考的不同更多，他们的胸怀里所能容纳的世界也会更大。即使面对再大的困难，他们也会以积极的心态去回应，以包容的内心去接纳，始终保持着对美好的憧憬。

学习伴随着每个人的一生。在家庭的学习，当我们离开家庭时就不存在了；学校的学习，当我们离开学校时就不存在了；只有在公共空间中的学习，是伴随我们终生的。这个公共空间不仅是我们身边的博物馆、美术馆、科技馆等等，更是我们可以行走到的不同国度。

在我眼里，这不是一套为大家介绍旅行的路书，而是一份带领我们去寻找这个世界相同与不同的索引书：从生活的细节到文学的领悟，都可以在其中找到。

在读这套书时，有时会觉得像是在听一个老朋友正讲述着他旅途里的见闻，那样兴致勃勃，那样不期而遇，让自己也随着他的眼睛去看了遍世界；有时候呢，又觉得回到了主人公修斯的角度，去听各位亲人的聊天，把这个国家最精彩，也最浪漫的故事讲给了自己。章节后的互动部分也很用心，书中的内容自然地延展到外面，能激发孩子更多的学习和寻找。

人生其实说长也不长，说短也不短，就看我们以怎样的心境去面对。阅读也罢，行走也罢，我们首先要找到的是一份美好，是一行小诗被自己诵读出来的美好，是一处景致被自己拍摄记录的美好。人生不正是由这样从未间断过的小美好组成的吗？愿你在这本书里，可以找到一份属于自己的美好。

世界真的很大很精彩，请永远不要停下发现世界的脚步。

朋朋

目录

俄罗斯的主要城市丨莫斯科、圣彼得堡等

璀璨辉煌的俄罗斯文学与艺术丨"黄金时代"和"白银时代"

在俄罗斯如何生活丨别具一格的风俗和美食

路漫漫其修远兮丨俄罗斯的教育体系和交通系统

附录丨在俄旅行的重要联络方式和注意事项

亲爱的小修斯：

　　时间过得真快。你马上就要小学毕业，下学期就成为一名初中生了，希望你在新学期的校园生活过得愉快。

　　在我的记忆中，你还是个扎着羊角辫的小姑娘，那时，你会成天缠着小姨，要我讲述俄罗斯留学期间遇到的各种趣事。因此，当最近你妈妈告诉我，你已经小学毕业，即将入读初中的时候，我真的不敢相信自己的耳朵。

　　回想我的学生时代，小姨觉得每次进入新的学习阶段都是件大事儿——总是伴随着一次次的回顾和新的开始。于是，我决定把在俄罗斯的所见所闻整理成一本秘密笔记，当作小学毕业礼物和初中开学礼物送给你。

　　在这本笔记中，我会尽量将俄罗斯圣彼得堡国立大学留学期间的点点滴滴，还有现在我在俄罗斯工作、生活中的所见所闻，用一封封图文并茂的书信告诉你，让你不出家门就了解俄罗斯的方方面面，包括地理概况、历史文化、名胜古迹、风土人情、教育体系等，当然也少不了丰富多样的俄罗斯美食。我相信你会喜欢它，因为它会告诉你一些只有切实在俄罗斯生活过的人才能知道的"秘密"。

　　希望将来有一天，你能和小姨成为俄罗斯圣彼得堡国立大学的校友，汲取俄罗斯的先进文化成果，为建设和谐美丽的中国做好知识储备。

　　对了，你现在多大？12岁？——去俄罗斯的那年，我刚满18周岁。

沉浸在美好回忆中的小姨

2020 年 6 月 18 日

世界上领土面积最大的国家│
地广人稀的俄罗斯

俄罗斯在哪儿？｜地跨亚欧大陆北部

热爱地理的修斯：

　　提到俄罗斯这个国家，小姨留学时，老师曾经在课堂上提问："同学们，你们觉得俄罗斯属于亚洲还是欧洲？"有学生答："欧洲！"有学生答："亚洲！"但有一个俄罗斯女孩儿说："不是欧洲，也不是亚洲。俄罗斯就是俄罗斯。"小姨觉得这个答案很妙，但是不太准确。

　　那么，俄罗斯究竟位于哪里呢？

　　确切地说，俄罗斯是大部分领土位于亚洲的东欧国家。它的全称是俄罗斯联邦，简称俄罗斯或俄联邦。

　　俄罗斯地跨欧亚两洲，领土面积为1 709.82万平方千米，东西最长约9000千米，南北最宽约4000千米，是世界上领土面积最大的国家。

　　俄罗斯紧邻着大西洋、北冰洋和太平洋，濒临海域按照顺时针依次是里海、黑海、波罗的海、芬兰湾、巴伦支海、喀拉海、拉普捷夫海、东西伯利亚海、白令海、鄂霍次克海和日本海，海岸线长达33 807千米。俄罗斯有14个陆上邻国：西北面有挪威、芬兰，西面有爱沙尼亚、拉脱维亚、立陶宛、波兰、白俄罗斯，西南面是乌克兰，南面有格鲁吉亚、阿塞拜疆、哈萨克斯坦，东南面有中国、蒙古国和朝鲜。

　　此外，俄罗斯还与日本、美国、加拿大、格陵兰（丹麦）、冰岛、瑞典、土耳其等国家和地区隔海相望。

具体来说，俄罗斯位于亚洲大陆的北部和欧洲大陆的东北部。其中，俄罗斯位于亚洲大陆的面积约为1300平方千米，约占全国面积的3/4；而它的欧洲部分的面积约为400平方千米，约占全国面积的1/4。

你可能会问小姨："既然俄罗斯的大部分领土位于亚洲，那你为什么说它是欧洲国家呢？"

这是因为：俄罗斯的政治中心、文化中心、经济中心等均位于欧洲部分，绝大部分俄罗斯人也分布在欧洲，他们的生活习惯、文化传统、建筑风格等均植根于欧洲，而且俄罗斯人普遍认为他们是欧洲人，国际社会也习惯于将俄罗斯划为欧洲国家。具体来说，俄罗斯是一个东欧国家。

如果开车从俄罗斯的最西端驶向它的最东端，我们会依次经过大高加索山脉、里海、伏尔加河、东欧平原、乌拉尔山－乌拉尔河、鄂毕河、西西伯利亚平原、叶尼塞河、中西伯利亚高原、勒拿河、东西伯利亚山地、太平洋沿岸山脉等。

大高加索山脉矗立在俄罗斯西南部，是俄罗斯、格鲁吉亚和阿塞拜疆的边界山，也是东欧和西亚的天然屏障。它的最高峰是厄尔布鲁士山，海拔为5642米。

伏尔加河发源于东欧平原的瓦尔代湖，全长3692千米，是欧洲最长的河流，也是欧洲流域最广和流量最大的内流河。伏尔加河由北向南蜿蜒流入里海，对俄罗斯的国民经济和人民生活起着非常重要的作用。在俄罗斯人口排名前20的城市中，有11座位于伏尔加河流域，其中包括俄罗斯首都莫斯科。同时，有了伏尔加河，俄罗斯实现了"五海通航"——连接黑海、亚速海、里海、波罗的海和白海。

伏尔加河携带的泥沙在它的入海口形成著名的伏尔加三角洲。每年8月至9月，人们可以在伏尔加河三角洲的阿斯特拉罕自然保护区欣赏世界上面积最大的荷花。同时，这里也是荷花生长最靠北端的地方。此外，伏尔加河三角洲及其邻近的里海是世界一流的渔场，那里的鱼类包括欧洲鳇、俄罗斯鲟、闪光鲟等珍贵鲟鱼品种，因此伏尔加河三角洲也是俄罗斯的黑鱼子酱生产中心。不过，为了恢复鲟鱼的品种和数量，俄罗斯一直在尝试通过禁渔、限渔等手段保护鲟鱼。

俄罗斯最高峰厄尔布鲁士山

伏尔加河卫星图片

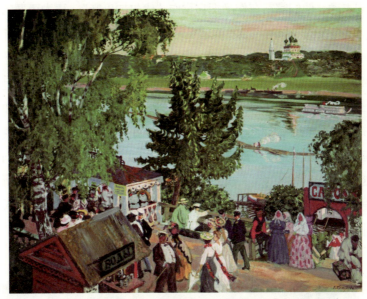

描绘伏尔加河景观的俄罗斯油画

伏尔加河口种植的荷花

在俄罗斯文化中，伏尔加河有着特别的意义，很多俄罗斯作家、艺术家都把它作为创作的主题，他们常常在作品把它称作"伏尔加母亲"。更为重要的是，整个俄罗斯文明就是在伏尔加河流域发展起来的，因此它是俄罗斯的"母亲河"。

东欧平原北起北冰洋，南至黑海、里海之滨，东起乌拉尔山，西至波罗的海，面积约为400万平方千米。由于大部分在俄罗斯境内，东欧平原又叫作俄罗斯平原。东欧平原上有海拔300米至400米的瓦尔代丘陵、中俄罗斯丘陵、伏尔加河沿岸丘陵等，也有海拔低于海平面的里海低地，自北向南依次是苔原、森林、森林草原和草原带，里海北岸为半荒漠和沙漠。除了伏尔加河，东欧平原上还有顿河等俄罗斯河流。东欧平原蕴藏丰富的煤、铁、石油、锰等资源，有世界著名的库尔斯克和克里沃罗格铁矿区、尼科波尔锰矿区、第二巴库油田等。那里人口稠密，水陆交通便利，工农业发达，是俄罗斯的心脏地带。

▌伏尔加河夏天日落景观▐

乌拉尔山脉是俄罗斯境内呈南北走向的山脉，乌拉尔河发源于乌拉尔山脉南部，它们共同构成亚欧大陆北部的天然分界线，同时也是俄罗斯亚洲部分和欧洲部分的分界线，因此人们又把俄罗斯东西两部分分别叫作亚洲俄罗斯和欧洲俄罗斯。

▌乌拉尔河沿岸风光▌

　　西西伯利亚平原位于亚洲西北部（俄罗斯中西部），乌拉尔山脉和叶尼塞河之间，南北长2500千米，东西宽1000千米至1900千米，面积约为274万平方千米，是亚洲第一大平原，世界第三大平原。除了一些低矮的丘陵，西西伯利亚平原80%的地区都极为平坦，堪称世界上最平坦的平原。

　　额尔齐斯河发源于阿尔泰山南坡，沿阿尔泰山南麓向西北流，是中国唯一的北冰洋水系河流。额尔齐斯河全长4248千米，流域面积164.3万平方千米，在中国境内全长593千米，流出中国国境后流入哈萨克斯坦，继续向北流入俄罗斯西西伯利亚平原，中途汇入鄂毕河，最后注入北冰洋鄂毕湾。

叶尼塞河是西西伯利亚平原和中西伯利亚高原的界河。

中西伯利亚高原是俄罗斯最大的高原，面积约为350万平方千米，平均海拔为500米至700米，那里冬天漫长寒冷，夏季则短暂温和。年均降水量300毫米至600毫米，落叶松为优势树种。因蒸发量小，中西伯利亚高原河流众多，均为典型的山地河流，自南向北流向北冰洋。下通古斯河是那里的主要河流。

东西伯利亚山地大致西起勒拿河，东到太平洋沿岸山脉。那里有两个世界之最：第一个是世界上最深的湖泊——贝加尔湖，最深处达1637米。第二个是世界上最冷的地方——奥伊米亚康。

贝加尔湖位于东西伯利亚的西南部，它的西部是中西伯利亚高原。贝加尔湖位于盆地地形中，呈新月形，周围有山脉和丘陵环绕，南北长680千米，东西宽40千米至50千米（最宽处达80千米），面积约为31 494平方千米，是亚洲第一大淡水湖，也是世界第七大湖，有多达336条河流注入，其中最大的河流为色楞格河。

俄罗斯中部城市克拉斯诺亚尔斯克附近的叶尼塞河

上 ▌贝加尔湖卫星图 ▌
下 ▌夏天的贝加尔湖风光 ▌

　　贝加尔湖中有22座岛屿，其中最大的岛屿——奥尔洪岛，面积达730平方千米，湖面每年1月至5月结冰。

　　据研究，贝加尔湖也是世界上最古老的湖泊，它已经在地球上存在大约3000万年。我国汉朝人把贝加尔湖称为"翰海""北海"。它也是我国汉代时期苏武牧羊的地方。

011

貝加尔湖中最大的岛屿奥尔洪岛

　　奥伊米亚康是东西伯利亚山地东北部的一个村庄，那里的1月平均气温是-50℃，历史最低值达-71.2℃。有意思的是，"奥伊米亚康"这个名字本身的意思是"不冻的水"，因为村庄附近有一眼温泉。

　　　　亲爱的修斯，但愿你分得清东南西北，如果分不清，就跟着小姨默念：上北、下南、左西、右东。总的来说，俄罗斯的地形以平原和高原为主，地势南高北低（下面高、上面低），西低东高（左边低、右边高）。

　　　　　　　　　　　　　　　喜欢和大自然亲密接触的小姨
　　　　　　　　　　　　　　　2020年6月25日

俄罗斯的气候特色┃冬季漫长而寒冷

亲爱的小修斯：

在上一封信中，小姨提到世界上最冷的人类定居点——俄罗斯东北部的奥伊米亚康。你知道吗？在奥伊米亚康，冬季气温低于 -48℃ 时，幼儿园才会停课；低于 -54℃ 时，小学才会停课。

今天，我们就来了解一下俄罗斯的气候特色吧。

俄罗斯自南向北跨越亚热带、北温带、亚寒带和北寒带4个气候带。这也造就了俄罗斯全国各地的气候千差万别。

看到亚热带的时候，你可能觉得非常奇怪。这是因为，在大部分人的印象中，俄罗斯是和亚热带完全不沾边的。不过，俄罗斯确实有些地方位于亚热带地区，只是面积很小而已。不卖关子了，那就是俄罗斯位于高加索山以南、黑海沿岸的地区。那里是俄罗斯冬季最温暖的地方，也是地球上最北端的亚热带气候区，代表城市有索契、雅尔塔等。确切地说，那里的气候属于地中海气候区，夏季炎热干燥，冬季温和多雨。而地中海气候是亚热带气候的一种。

不过，俄罗斯大部分地区属于温带大陆性气候和亚寒带大陆性气候，冬天漫长、干燥而寒冷，夏季短暂而温暖，春秋季节转眼即逝，降水偏少，雨量变化大。以叶尼塞河为界，俄罗斯西部是温和的大陆性气候，而东部则属于强烈的大陆性气候。此外，俄罗斯西北部沿海地区具有海洋性气候特征，而远东太平洋沿岸则带有季风气候的特点。

北冰洋沿岸地区主要位于北极圈内，属于寒带气候，又叫苔原气候或极地气候。那里全年气候寒冷，年平均温度低于0℃，最热月份平均温度虽然高于0℃，但仍然低于10℃，年降水量在250毫米以下，大部分降水是雪，部分冰雪在夏季会短期溶解。因为温度低，那里只有苔藓、地衣类植物可以生长。每年夏天，我们都可以观赏美丽的北极光；幸运的话，还可以见到出来觅食的北极熊。

▎索契国家公园里的亚热带植物▎

▎北极光映照下的北极熊▎

冬天的俄罗斯城市景观

就整个俄罗斯而言，全年降水偏少，年平均降水量为530毫米；冬夏温差普遍较大，1月平均温度是 –18℃ 至 10℃，7月平均温度是 11℃ 至 27℃。

俄罗斯一年当中最热的月份是每年7月至8月。但是，到了9月，这个国家的居民就要穿上厚衣服了。

修斯，俄罗斯真是我到过的最冷的地方。这里的冬天漫长而寒冷，帽子、围巾、手套，一样都不能少。出乎意料的是，这里的冬天冷得不能用围巾遮住口鼻，因为呼出的水汽会瞬间在围巾上结冰，把脸部冻伤。有一年冬天，圣彼得堡特别冷。有一天，我刚一出门，鼻孔附近就结了薄薄的一层冰。另外，尽管我穿着厚厚的高筒靴子，双脚依然快冻僵了。

修斯，在俄罗斯留学期间，小姨有一个"怪异"的爱好：闲暇无事的时候，喜欢宅在家里背俄语单词。你是不是觉得有些不可思议？谁要主动背单词呀？！可是，俄罗斯的冬季真的非常漫长，大致从11月到第二年4月，有半年多是冬季。每年从11月开始，人们就要穿上厚厚的衣服了。在如此漫长的寒冬里，比起出门挨冻，我更愿意宅在家里背单词。

冬天的俄罗斯乡村

冬天的贝加尔湖景观

描绘俄罗斯冬天的画作《冬天的俄罗斯小牛车》

俄罗斯画家瓦斯涅佐夫的画作《冬梦》

虽然气候寒冷，但俄罗斯拥有丰富的资源，包括煤、石油、天然气、铁、锰、铜、铅、锌等。其中，石油探明储量居世界第8位；天然气探明蕴藏量占世界探明储量的1/3，居世界首位。因此，每逢冬天，俄罗斯人都会把家里的暖气烧得非常热，而且通常24小时供应热水，门窗也都是双层的。总之，在俄罗斯，只要进入任何正在使用的封闭空间，比如房子、公共汽车、出租车、商店，人们就能很快暖和起来。

2012年9月，俄罗斯公布了一个发现于20世纪70年代的钻石矿。该矿位于西伯利亚东部地区的一个直径超过100千米的陨石坑内，钻石储量估计有数万亿克拉，能满足全球宝石市场长达3000年的需求。科学家表示，这个被称为"珀匹盖"的陨石坑拥有超过3500万年的历史，它下面的钻石储量估计是全球其他地区的钻石储量之和的10倍。

珀匹盖陨石坑卫星图

相对寒冷的天气虽然给人带来一些不便，但俄罗斯的山林和水都深深吸引着我，它们完美地融入俄罗斯人的日常生活，让常年生活在那里的人们身心健康。

俄罗斯拥有世界上体量最大的森林储备。事实上，它的森林覆盖面积约占其国土面积的一半，居世界第一位，林材蓄积量超过800亿立方米。此外，俄罗斯有着数量众多的河流，如前面提到的伏尔加河、叶尼塞河、勒拿河等，还有第聂伯河、涅瓦河、莫斯科河、顿河等。这些河流上通常建有水电站，它们是俄罗斯主要的电力来源。此外，俄罗斯也坐拥大量的淡水湖泊，约占世界总量的25%。

自从第一次抵达俄罗斯，我就居住在圣彼得堡的最西北部（也就是俄罗斯地图的左上角）——当然，这里也是俄罗斯最西北的部分。我住的街道叫作"造船厂大街"，这条街名副其实——你瞧，我住的楼后面就是波罗的海。我们提到过的，俄罗斯境内河流、湖泊众多，各种各样的桥也就成为生活在俄罗斯的人必然常见的建筑。

┃涅瓦河畔的圣彼得堡┃

水加上桥，造就了俄罗斯的美好景致；水加上森林，则造就了俄罗斯的美好环境。无论在莫斯科、圣彼得堡这样的大城市，还是在不为人熟知的小乡村，水和森林都能形成一座座"森林公园"或者"天然氧吧"，为人们提供良好的空气。

　　此外，俄罗斯的重工业非常发达，以机械业、钢铁业、冶金业、石油业、天然气业、煤炭业、林业、化工业等为主。俄罗斯的核工业、航空航天业也在世界上占有非常重要的地位。

　　但是，相较于发达的重工业，轻工业可以说是俄罗斯的短板。在俄罗斯，肥皂盒、水杯、塑料盒、文具等生活用品的选择空间很小，也比中国的贵。你要是来俄罗斯，可以给小姨带一些可爱的笔和贴纸，我觉得这些东西还是"中国制造"的好看，花样也比较多。

　　修斯，如果你看过小姨留学期间写下的日记，你或许就会明白为什么说轻工业是俄罗斯的短板了。

> 　　修斯，希望通过我的介绍，你能对俄罗斯地理有个初步的认识。在下一封信中，我会向你介绍一下俄罗斯的象征。
>
> 喜欢和大自然亲密接触的小姨
>
> 2020 年 7 月 1 日

俄罗斯的国家象征丨国旗、国徽、国歌

亲爱的修斯：

　　我觉得来俄罗斯之前，你最好先了解一下俄罗斯的国家象征，这样也更容易理解俄罗斯文化。

　　俄罗斯国旗呈长方形，长和宽的比例是3:2，自上而下由三个平行相等的白蓝红三色长方形组成。白蓝红三色既象征着幅员辽阔的俄罗斯的主要气候区，也象征着俄罗斯的价值观念和它对人类的贡献。其中，白色既象征着常年白雪皑皑的寒带地区，也象征着无限的自由；蓝色既象征着亚寒带，也象征着俄罗斯拥有丰富的地下矿藏和自然资源；红色则是温带的标志，也象征着俄罗斯的历史悠久和它对人类文明的巨大贡献。此外，白色还是真理的象征，蓝色又表示纯洁与忠诚，红色则是美好和勇敢的标志。

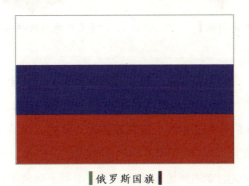

俄罗斯国旗

俄罗斯国徽是一枚盾徽：红色盾面上有一只金色的双头鹰，鹰头上戴着三顶皇冠，一只鹰爪抓着一支权杖，另一只鹰爪则托着一个金球。双头鹰的胸前还有一个小盾徽，上面是一位骑着白马的骑士。这位骑士面向右侧，穿着银色盔甲，披着淡蓝色的披风，手里握着锋利的金色长矛，刺向一只黑色的蛇状怪物。双头金鹰雄视东西两边，代表俄罗斯是一个地跨亚欧两洲的国家；三顶王冠象征着俄罗斯是一个统一的联邦国家；金球和权杖象征着国家统一，神圣不可侵犯。这个双头鹰标志是俄罗斯的国家象征。

　　在国徽中央的小盾徽上，骑士用长矛刺杀蛇状怪物，象征着俄罗斯民族不忘历史、继往开来、勇于同一切困难或敌人做斗争的精神。这个小盾徽也是俄罗斯首都莫斯科的市徽。

▋俄罗斯国徽▋

▋象征俄罗斯的双头鹰标志▋

　　国歌也是一个国家的重要象征。俄罗斯的国歌是《俄罗斯，我们神圣的祖国》。2000年12月25日，俄罗斯总统普京正式签署了一项关于国旗、国徽和国歌的法案，正式将《俄罗斯，我们神圣的祖国》定为新国歌。此前，俄罗斯的国歌是没有歌词的钢琴旋律《爱国歌》。新国歌采用苏联时期的国歌的旋律，重新填词，代表俄罗斯人期望祖国重现苏联时期的辉煌和强盛国力。电视上播放国歌的时候，通常会播放克里姆林宫或俄罗斯国旗的画面。

俄罗斯国歌的乐谱

修斯，小姨今天向你介绍的国旗、国歌和国徽是俄罗斯最重要的象征。当然，俄罗斯还有很多其他象征，比如莫斯科克里姆林宫。

尽力为中俄友好贡献力量的小姨

2020 年 7 月 7 日

俄罗斯国家政体丨总统－议会制联邦国家

亲爱的小修斯：

　　作为中国友好邻邦，中俄高层互访是经常发生的事情。所以，我们会经常在电视新闻里看到现任俄罗斯总统普京的身影。今天，小姨就简单向你介绍一下俄罗斯的国家政体吧。

自1993年12月25日以来，俄罗斯一直实行总统－议会制的联邦国家体制。

根据2015年的俄罗斯统计数据，俄罗斯由85个联邦主体组成。在俄罗斯联邦宪法和法律规定的范围内，这些联邦也有自身的宪法和法律，拥有管理部分内部事务的权力。

俄罗斯以联邦宪法和法律为基础。俄罗斯的最高国家机构分为立法机关、司法机关和行政机关三种类型。

俄罗斯联邦议会是全国最高立法机关，由联邦委员会和国家杜马组成。联邦委员会共有170个席位，每个联邦主体派出两名代表。它负责确定国家民族政策的落实措施，针对民族争端或冲突提出解决法案，保障各个联邦主体参与解决全国性问题，等等。联邦委员会提出的法案必须得到2/3以上联邦委员投票通过，并得到联邦总统令批准，方可成为联邦法律。国家杜马共有450个席位，由人民直接选举产生，主要职责是同意总统对总理的任命，任免审计院主席、半数检查员等。

俄罗斯总统是俄罗斯的国家元首，主要职责为：按照俄罗斯联邦宪法规定的程序，为维护俄罗斯联邦主权、独立和国家完整而采取措施，保证国家权力机关协调地行使职能并相互配合，确定国家内外政策的基本方向，等等。

俄罗斯总统旗

　　俄罗斯总理的正式称谓是俄罗斯联邦政府主席，是俄罗斯联邦的政府首脑，由俄罗斯总统任命，但必须经过国家杜马批准。俄罗斯总理的主要职责是，确定政府活动的主要方向并组织政府工作等。

　　俄罗斯最高司法机关主要有联邦宪法法院、联邦最高法院、联邦最高仲裁法院和联邦总检察院。

　　修斯，我们说俄罗斯实行的是总统—议会制，这是因为它的国家行政权力由总统和总理共享，而且总统的权力高于总理。

　　　　　　　　　　再次体会温故而知新道理的小姨

　　　　　　　　　　2020年7月12日

俄罗斯行政区划丨联邦管区和联邦主体

热爱地理的小修斯：

你在前一封信中问小姨："俄罗斯国土面积这么大，那它下面有多少个下级单位呢？"

今天，我们就来聊聊俄罗斯的行政区划吧。

前面讲过，俄罗斯是联邦国家。根据2015年的俄罗斯统计数据，俄罗斯由85个联邦主体组成，而这85个联邦主体包括22个自治共和国、46个州、1个自治州、4个自治区、9个边疆区和3个联邦直辖市。自治共和国、自治州、州、自治区、边疆区和联邦直辖市，这几个概念基本上可以理解为省级行政单位。

特别要注意的是，这里的"共和国"和我们普遍讨论的"国家"概念不同，它们是俄罗斯联邦的组成部分。

这些联邦主体又分为8个联邦管区。其中，中央联邦管区、西北联邦管区、伏尔加联邦管区、南部联邦管区和北高加索联邦管区位于欧洲，乌拉尔联邦管区、西伯利亚联邦管区和远东联邦管区位于亚洲。

中央联邦管区是目前俄罗斯的八大联邦管区之一。所谓"中央"并非指地理上的"中央"，而是指政治和历史上的"中央"。在地理上，它其实位于整个俄罗斯联邦的西部。中央联邦管区位于俄罗斯欧洲部分的核心部位，是俄罗斯政治和历史的核心区，面积约为65万平方千米，人口约有3800万，是俄罗斯人口密度最大的联邦管区。

中央联邦管区辖有17个州和1个联邦直辖市，它们分别是别尔哥罗德州、布良斯克州、伊万诺沃州、卡卢加州、科斯特罗马州、库尔斯克州、利佩茨克州、莫斯科市（联邦直辖市）、莫斯科州、奥廖尔州、梁赞州、斯摩棱斯克州、坦波夫州、特维尔州、图拉州、弗拉基米尔州、沃罗涅日州、雅罗斯拉夫尔州。其中，莫斯科市不仅是中央联邦管区的行政中心，也是俄罗斯联邦的首都。

▌中央联邦管区的原野风光▌

▌莫斯科航拍图▌

西北联邦管区位于中央联邦管区的正北方，面积约为168万平方千米，人口约为1400万，是俄罗斯人口密度排名第三的联邦管区。西北联邦管区总共有11个联邦主体，它们分别是阿尔汉格尔斯克州、涅涅茨自治区、加里宁格勒州、卡累利阿共和国、科米共和国、摩尔曼斯克州、诺夫哥诺德州、普斯科夫州、圣彼得堡市（联邦直辖市）、列宁格勒州和沃洛格达州。其中，圣彼得堡市是西北联邦管区的行政中心。

　　值得一提的是，加里宁格勒州是俄罗斯最西部的联邦主体，面积约为15 100平方千米，首府为加里宁格勒。加里宁格勒州与立陶宛和波兰接壤，但和俄罗斯本土完全不相连，是俄罗斯的外飞地。当地居民想要前往俄罗斯本土，他们通常会选择坐船或坐飞机。

　　西北联邦管区的卡累利阿共和国的民间文化艺术自古以来就享有盛誉，基日岛教堂建筑群、孔多波加圣母升天教堂、凯姆圣母升天教堂等木质建筑独一无二，享誉世界。

▌基日岛的木质建筑▐

伏尔加联邦管区位于中央联邦管区的东南方向，管辖俄罗斯欧洲部分的东南部，包括14个联邦主体，分别是巴什科尔托斯坦共和国、基洛夫州、马里埃尔共和国、莫尔多瓦共和国、下诺夫哥罗德州、奥伦堡州、奔萨州、彼尔姆边疆区、萨马拉州、萨拉托夫州、鞑靼斯坦共和国、乌德穆尔特共和国、乌里扬诺夫斯克州和楚瓦什共和国。伏尔加联邦管区的面积约为104万平方千米，人口约为3100万，是俄罗斯联邦人口密度第二大联邦管区。

伏尔加联邦管区的主要城市有喀山、萨马拉、彼尔姆、萨拉托夫、基洛夫、下诺夫哥罗德等，它们通常也是伏尔加联邦管区下辖的联邦主体的首府。其中，下诺夫哥罗德是下诺夫哥罗德州的首府，也是伏尔加联邦管区的行政中心。

下诺夫哥罗德城区遥看图

南部联邦管区位于中央联邦管区正南方，也就是俄罗斯西南部，与格鲁吉亚、乌克兰和哈萨克斯坦接壤。根据俄罗斯官方数据，南部联邦管区包括阿迪格共和国、阿斯特拉罕州、卡尔梅克共和国等8个联邦主体，行政中心是顿河畔罗斯托夫。

　　其中，卡尔梅克共和国是欧洲大陆唯一一个主要信仰佛教的地区。这是因为卡尔梅克人和1771年（清朝乾隆三十六年）回归我国的土尔扈特部共同属于蒙古人的一支。东归祖国的土尔扈特人后裔现在主要居住在新疆的巴音郭楞蒙古自治州，而留下的少部分土尔扈特人就是今天俄罗斯境内的卡尔梅克人。

　　北高加索联邦管区位于南部联邦管区的南部。顾名思义，北高加索联邦管区位于高加索山脉以北，总面积约为17万平方千米，占俄罗斯总面积的1%，是俄罗斯面积最小的联邦管区。北高加索联邦管区包括7个联邦主体，它们分别是达吉斯坦共和国、印古什共和国、卡巴尔达－巴尔卡尔共和国、卡拉恰伊－切尔克斯共和国、北奥塞提亚－阿兰共和国、斯塔夫罗波尔边疆区和车臣共和国。北高加索联邦管区的行政中心是皮亚季戈尔斯克，意思是"五峰山城"。

身穿传统服装的卡尔梅克人

| 达吉斯坦共和国峡谷景观 |

| 皮亚季戈尔斯克城市景观 |

修斯，上面5个联邦管区全部位于俄罗斯的欧洲部分，下面我们来看看亚洲部分的3个联邦管区吧。

乌拉尔联邦管区位于俄罗斯亚洲部分的最西端，西边是乌拉尔山脉，东边是西伯利亚联邦管区。总面积约为180万平方千米，人口约为1200万。这个联邦管区由6个联邦主体组成，它们分别是库尔干州、斯维尔德洛夫斯克州、秋明州、汉特－曼西自治区、车里雅宾斯克州和亚马尔－涅涅茨自治区。比较特别的是，汉特－曼西自治区和亚马尔－涅涅茨自治区同时也隶属于秋明州。叶卡捷琳堡是乌拉尔联邦管区的行政中心。

西伯利亚联邦管区位于俄罗斯亚洲部分的中部，北濒北冰洋，南接哈萨克斯坦和蒙古国。西伯利亚联邦管区总面积约为436万平方千米，占俄罗斯总面积的25.5%，是俄罗斯第二大联邦管区。这里一共有10个联邦主体，它们分别是阿尔泰共和国、阿尔泰边疆区、伊尔库茨克州、克拉斯诺亚尔斯克边疆区、新西伯利亚州、鄂木斯克州、托木斯克州、克麦罗沃州、图瓦共和国（唐努乌梁海）和哈卡斯共和国。

▌落日余晖映照下的叶卡捷琳堡城市景观▌

新西伯利亚是新西伯利亚州的首府，也是西伯利亚联邦管区的行政中心。新西伯利亚位于俄罗斯中部人口密集区的重要地带，是整个俄罗斯亚洲部分最大的城市，也是俄罗斯境内仅次于莫斯科和圣彼得堡的第三大城市。

修斯，一定要注意哦，我们千万不能把西伯利亚联邦管区、地理上的西伯利亚和地理上的北亚这三概念混为一谈。在地理上，西伯利亚是乌拉尔山脉以东的广大地区的总称，现在完全属于俄罗斯，包括西西伯利亚平原和中西伯利亚高原，面积约为1276万平方千米，大致相当于俄罗斯国土总面积的75%。它东至太平洋，北至北冰洋，南至中亚北部，是北亚的一部分，包括西伯利亚联邦管区的全部、乌拉尔联邦管区和远东联邦管区的大部分。而北亚则通常是指我们前面所说的亚洲俄罗斯，包含俄罗斯亚洲部分的全部3个联邦管区。也就是说，西伯利亚联邦管区是地理上的西伯利亚的一部分，而地理上的西伯利亚又是北亚的一部分。

在这里，小姨用一幅图向你说明一下这三者的区别：深红色=西伯利亚联邦管区，深红色+正红色=地理上的西伯利亚，深红色+正红色+橙色=北亚。

■西伯利亚联邦管区、地理上的西伯利亚和地理上的北亚之间的关系
（■西伯利亚联邦管区 +■地理上的西伯利亚 ■+■地理上的北亚）■

远东联邦管区是俄罗斯最东边的联邦管区。它西接俄罗斯西伯利亚联邦管区，北濒北冰洋，东临太平洋，东南毗朝鲜，南邻中国，与美国、日本和韩国隔海相望。

远东联邦管区是俄罗斯最大的联邦管区，总面积约为700万平方千米，而总人口大约只有820万，是俄罗斯人口密度最小的联邦管区。远东联邦管区包含11个俄罗斯联邦主体，它们分别是阿穆尔州、布里亚特共和国、犹太自治州、外贝加尔边疆区、堪察加边疆区、马加丹州、滨海边疆区、萨哈共和国、萨哈林州、哈巴罗夫斯克边疆区和楚科奇自治区。

修斯，你可能已经知道，俄罗斯和美国之间隔着白令海峡。没错，白令海峡确实是这两个国家的界海。不过，它们之间最近的距离可能超乎你的想象——相隔大约只有3千米。这是因为白令海峡中间是代奥米德群岛。它由两座岛屿组成，西边较大的岛叫作大代奥米德岛，是俄罗斯的领土；东边较小的岛屿叫作小代奥米德岛，是美国的领土。这两座岛屿中间是国际日期变更线，所以它们所在的时区并不一样。具体来说，大代奥米德岛的"今天"是小代奥米德岛的"明天"。

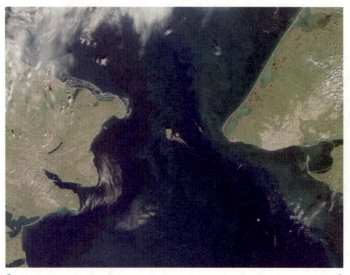

白令海峡卫星图（孤悬于白令海峡中央的就是代奥米德群岛）

符拉迪沃斯托克（原名海参崴）是远东联邦管区的行政中心。"符拉迪沃斯托克"是这座城市的俄语名字的中文译名，我们中国人习惯叫它"海参崴"。符拉迪沃斯托克（海参崴）自新石器时代起便有人类居住。该地原为中国领土。1860年，中国清政府与俄罗斯帝国签订《中俄北京条约》，将此地永久割让给俄罗斯，改由俄罗斯帝国统治。2001年，《中华人民共和国和俄罗斯联邦睦邻友好合作条约》根据1991年《中苏关于中苏国界东段的协定》，正式承认符拉迪沃斯托克为俄罗斯领土。

　　符拉迪沃斯托克三面环海，主要由金角湾、阿穆尔湾、乌苏里湾构成，南临彼得大帝湾，另由俄罗斯岛大桥与俄罗斯岛相连接。它自东北向西南绵延30千米，呈斗圆形，面积约为600平方千米，是俄罗斯滨海边疆区的首府，俄罗斯远东太平洋沿岸最大的港口。

符拉迪沃斯托克卫星图

符拉迪沃斯托克城市中心区

　　修斯，小姨在这里说明一下，俄罗斯的联邦管区不是正式的一级行政区，而是类似于行政监察区，各个联邦管区均由一位总统委派的全权代表管治。出于经济和统计的目的，俄罗斯又划分为12个经济地区。

依然没有玩遍整个俄罗斯的小姨

2020 年 7 月 18 日

俄罗斯人说什么？|
俄语是俄罗斯联邦全境的官方语言

颇有语言天赋的修斯：

　　还记得小姨之前教你的俄语礼貌用语吗？在俄罗斯，它们可是非常实用的，比说一口流利的英语好用多了。因为大部分俄罗斯人认为："在俄罗斯就应该说俄语，为什么要说英语呢？"

　　目前，俄罗斯大约有1.46亿人，俄罗斯族大约占俄罗斯总人口的77.7%，其余则是193个少数民族。鞑靼族是俄罗斯人口最多的少数民族，主要居住在伏尔加联邦管区的鞑靼斯坦共和国及周边地区。其他较大的民族有乌克兰族、楚瓦什族、巴什基尔族、车臣族、白俄罗斯族、莫尔多瓦族、德意志族、乌德穆尔特族、马里族、哈萨克族等。

　　俄罗斯联邦宪法规定，俄语是俄罗斯联邦全境内的唯一官方语言。但是，俄罗斯联邦宪法还规定，各共和国或自治区有权规定自己的官方语言，而这些共和国和自治区也是这么做的。目前，俄罗斯总共有30多种官方语言。例如：鞑靼斯坦共和国的学校教授鞑靼斯坦语，楚瓦什共和国教授楚瓦什语，涅涅茨自治区的学校教授涅涅茨语，等等。这些少数民族语言和俄语一起作为官方语言使用。

　　作为联合国六大官方语言之一，俄语是世界上母语使用人数和第二语言使用人数的第四大语言，目前全世界使用俄语的人数约占世界总人口的5.7%。

楚科奇人（俄罗斯少数民族之一）

　　除了俄罗斯，俄语是白俄罗斯、哈萨克斯坦、吉尔吉斯斯坦、塔吉克斯坦、乌兹别克斯坦、土库曼斯坦等国的官方语言或通用语言。

　　在拉脱维亚、爱沙尼亚、立陶宛，尽管官方减少以俄语教授的科目，但仍有学校用俄语教学。

　　俄语属于斯拉夫语系，而斯拉夫文字则起源于公元9世纪问世的西里尔字母。西里尔和兄长美多德是西里尔字母的创始人。

　　公元10世纪前后，西里尔字母传入俄罗斯。西里尔字母的形式与古俄语复杂的发声系统非常吻合，得以传播并形成俄罗斯的书面语言——古斯拉夫语。而民间流行的口头语言则是古俄语。这两种语言平行存在了很长时间。

　　现代标准俄语是西里尔字母的变体，初步形成于17世纪，最终形成于18世纪。

俄罗斯国内的西里尔和美多德雕像

　　修斯，有一点你可能还不知道，俄语也是我们中国正式承认的少数民族语言之一。散居在我国新疆、内蒙古、黑龙江、北京等地的俄罗斯族的母语就是俄语，但他们通常也会说汉语。

　　如果说俄语是俄罗斯的"普通话"，那么莫斯科时间（东三区）就是俄罗斯的"北京时间"。

　　从地理上来讲，俄罗斯横跨11个时区（东二区至东十二区），往往最东边的人已经开始吃晚饭了，最西边的人才刚刚起床。为了缓解时区过多给人们生活带来的困扰，俄罗斯联邦政府于2010年把全国的时区数由11个减至9个，并规定涉及俄罗斯全境的公共事务统一按照莫斯科时间举行。

　　修斯，你们同学中有俄罗斯族人吗？有的话，你可以向他们学习几句简单的俄语。

和你有5个小时时差的小姨

2020年7月23日

语言课丨修斯的俄语时间丨

亲爱的小修斯：

学习俄语其实是很容易有成就感的：只要你认熟字母，掌握它们的发音规则，就可以读出单词和语句，即便你不知道自己念出的文字是什么意思。

今天，我来为你简单介绍一下俄语字母吧。

俄语诞生于公元9世纪，是西里尔和兄长美多德创造并规范化的，所以俄语字母又叫西里尔字母。俄语一共有33个字母，其中元音有10个，辅音有21个，还有两个是无音字母。这些字母念起来非常简单。确切地说，俄语里面没有像英语里那样的音标，每个俄语字母都有自己固定的发音，即使不知道一个俄语单词什么意思，也可以准确地读出来。

修斯，开始学俄语之前，小姨提醒你注意以下三点：第一，和英语不一样，俄语没有音标，你一定要牢记每个字母的发音。第二，ъ、ы和ь没有大写

西里尔和兄长美多德拿着西里尔字母表

字母，不是小姨漏掉了。第三，俄语有印刷体和手写体的区别，二者又各分大小写，部分字母的印刷体和手写体长得完全不一样。

俄语字母表

大写	小写	大写	小写	大写	小写
А	а	К	к	Х	х
Б	б	Л	л	Ц	ц
В	в	М	м	Ч	ч
Г	г	Н	н	Ш	ш
Д	д	О	о	Щ	щ
Е	е	П	п	ъ	ъ
Ё	ё	Р	р	Ы	ы
Ж	ж	С	с	Ь	ь
З	з	Т	т	Э	э
И	и	У	у	Ю	ю
Й	й	Ф	ф	Я	я

　　修斯，小姨我要告诉你一件有意思的事儿："修斯"这个名字在俄语中写作 Сю Сы。我给你布置一个小任务：学习俄语字母表，弄清楚俄语字母的写法和发音。只要掌握了这张字母表，你就可以依据发音，拼写出同班同学的俄文名字。

　　　　　　　　　　　　因会说俄语而在俄罗斯大受欢迎的小姨

　　　　　　　　　　　　2020 年 7 月 27 日

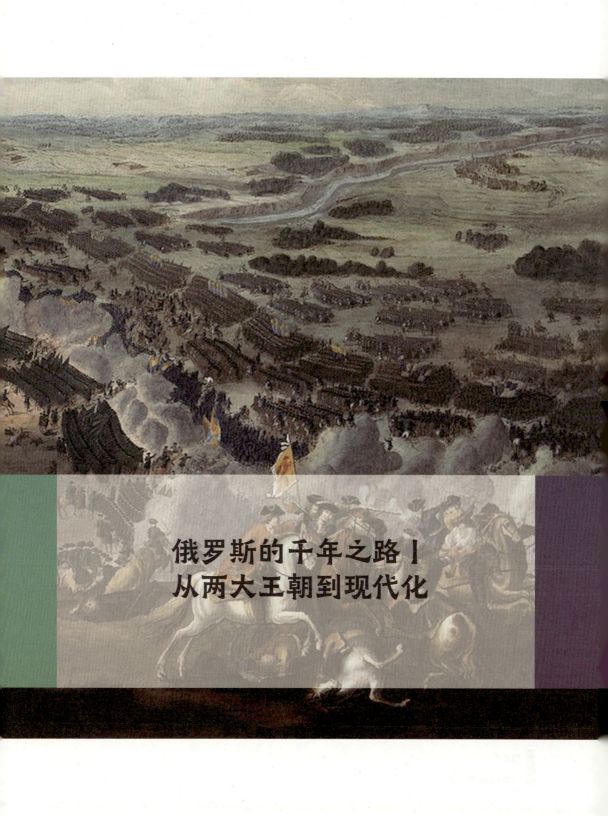

俄罗斯的千年之路 |
从两大王朝到现代化

俄罗斯人的祖先 ┃ 东欧平原的东斯拉夫人

亲爱的修斯小朋友：

　　讲到俄罗斯的历史时，人们常常提到"东斯拉夫人"，今天我们就先了解一下他们的历史吧。

前面说过，俄罗斯是大部分领土位于亚洲的欧洲国家。我这么说的一个重要原因，就是俄罗斯人的祖先——东斯拉夫人就起源于欧洲。

东斯拉夫人是欧洲最古老和最庞大的部族——斯拉夫人的一个东部支系。根据历史学家的研究，现今波兰境内的维斯瓦河河谷是斯拉夫人的故乡，而"斯拉夫"的意思就是"荣誉""光荣"。

关于斯拉夫人的起源，最早的文字记载见于公元1世纪末2世纪初的古罗马文献。公元4世纪至公元6世纪（376—568），欧洲发生了规模巨大的民族大迁徙，斯拉夫人分裂为东斯拉夫人、西斯拉夫人和南斯拉夫人三大分支。

从公元6世纪开始，东斯拉夫人主要定居在东欧平原。这时，东斯拉夫人社会仍处于氏族公社阶段，但已经出现了比较巩固的军事组织，部落会议在原始的民主生活中起着重要的作用。农业已经成为他们主要的生产活动。同时，他们还从事畜牧业、渔业和养蜂业。在农业生产中，他们已经开始使用铁犁、铁镰、铁斧等铁制工具，主要农作物有小麦和大麦。

公元8世纪至公元9世纪，东斯拉夫人的农业有了明显的进步，铁制生产工具得到广泛应用，大面积的农业耕作和垦殖成为可能。同时，手工业也有了很大的发展，许多部落或部落联盟的中心逐渐演变为手工业中心和商业中心，出现了最初的东斯拉夫人城市，如诺夫哥罗德、斯摩棱斯克、基辅等。

这一时期，东斯拉夫人内部陷入混乱状态，各部落之间频繁爆发战争。根据史料记载，公元862年，他们派使者渡海来到斯堪的纳维亚半岛，请求维京人帮助他们恢复秩序与和平。同年，维京人留里克（830—879）率领军队来到了位于现在的俄罗斯西北部的诺夫哥罗德，成为诺夫哥罗德王公，俄罗斯历史上的留里克王朝就此拉开了序幕。

描绘维京人应邀来统治东斯拉夫人的画作《海外来的客人》

不过，多数现代研究者认为，留里克用武装侵略的方式夺取了诺夫哥罗德的可能性更大。

留里克和他的子民自称"罗斯人"，他们建立的国家就是罗斯国家。公元879年，留里克在临死前把诺夫哥罗德大公的宝座交给了奥列格（？—912？）。公元882年，奥列格率军占领了基辅，并把整个国家的首都迁至基辅。至此，俄罗斯历史上的基辅罗斯公国时期正式开始了。

上▎留里克王朝的开创者留里克肖像▎
下▎把留里克描绘为侵略者的画作
　　（左边是留里克兄弟三人）▎

| 倒坠鹰，基辅罗斯的标志之一 |

留里克王朝是统治东斯拉夫人的古代罗斯国家的第一个王朝，而基辅罗斯是俄罗斯历史上最早的统一国家，大致相当于现在俄罗斯欧洲地区的一部分、乌克兰和白俄罗斯的一部分。生活在这个国家的东斯拉夫人就是现代俄罗斯人、乌克兰人和白俄罗斯人的共同祖先。

修斯，基辅罗斯的正式名称是罗斯，俗称"罗斯之地"。基辅罗斯这个国名是俄罗斯历史学家于19世纪创造的，目的是表明他们国家当时的都城是基辅。

期待和你一起畅游书海的小姨

2020 年 8 月 2 日

基辅罗斯分崩离析丨留里克王朝由盛转衰

热爱钻研问题的小修斯：

你在上封信中问我，"Россия"的俄语发音明明非常接近汉语"罗斯"，基辅罗斯的创建者也自称"罗斯人"，我们中国人为什么非把它翻译成"俄罗斯"呢？

这是一个历史问题，小姨我今天就为你揭晓答案。

迁都基辅之后，俄罗斯历史进入基辅罗斯公国时期，奥列格成为第一任基辅罗斯公国大公。自继位以来，奥列格四处征战，他率领亲兵征服了基辅罗斯公国周围的斯拉夫人部落和非斯拉夫人部落，形成以东斯拉夫人为主体的国家。不过，奥列格并不满足于统治周边地区。

基辅罗斯的创建者奥列格肖像

公元911年，奥列格率领由许多东斯拉夫部落组成的队伍远征当时世界上最发达的国家之一——东罗马帝国（又称拜占庭帝国），而且非常顺利地抵达东罗马帝国首都君士坦丁堡。最后，东罗马帝国皇帝向奥列格求和，双方签订了有利于基辅罗斯的贸易条约，奥列格带着大量黄金、丝绸等贵重物品返回基辅罗斯。

建立初期，基辅罗斯实行巡行索贡制度。每年秋末冬初，大公率领亲兵挨家挨户征收毛皮、蜂蜜、蜂蜡等贡物。巡行索贡会持续整个冬天。索贡队伍所到之处，连征带掠，肆无忌惮地抢劫财物。他们甚至掳掠人口，并把他们贩卖为奴。基辅罗斯大公索取来的贡物一部分被奖赏给亲兵，大部分则在第二年春天运往东罗马帝国来换取生活必需品和奢侈品。

公元912年，留里克的儿子伊戈尔继任基辅罗斯大公。他继承了奥列格的扩张政策，不断扩大基辅罗斯的版图。公元945年，伊戈尔在率领亲兵对一个东斯拉夫部落——德列夫利安人巡行索贡时，企图向他们征取双倍的贡赋，结果被德列夫利安人杀死。

▌描绘伊戈尔率领亲兵向德列夫利安人索贡情形的画作▐

　　伊戈尔死后，他年幼的儿子斯维亚托斯拉夫·伊戈列维奇（？—972）继位，史称斯维亚托斯拉夫一世。因为斯维亚托斯拉夫一世年纪太小，母亲奥丽加（890—969）成为摄政者。实际上，斯维亚托斯拉夫一世成年后，奥丽加仍然是基辅罗斯的实际统治者，因为斯维亚托斯拉夫一世一生几乎都在率领亲兵四处征战。

　　奥丽加做了两件对俄罗斯影响深远的大事：第一件大事是，她取消了巡行索贡制度，制定了古代罗斯最早的征收贡赋的标准，并且建立了固定的税区。第二件大事是，她是第一个皈依基督教的罗斯统治者，并开始在基辅罗斯传播基督教，这对基督教在俄罗斯的广泛传播具有重要影响。

　　斯维亚托斯拉夫一世成年后，开始为扩张基辅罗斯的势力而连年作战。经过长期征战，斯维亚托斯拉夫一世使基辅罗斯成为欧洲最强大、最繁荣的国家，建立了一个包括许多民族的政治联合体，它的疆域自伏尔加河一直延伸至多瑙河。

皈依东正教的奥丽加肖像

斯维亚托斯拉夫一世的扩张运动引起了东罗马帝国的注意。公元971年，斯维亚托斯拉夫一世率军和东罗马帝国军队在巴尔干半岛展开激战。最终，斯维亚托斯拉夫一世的军队大败而归，他本人也于第二年被宿敌佩切涅格人杀死。

斯维亚托斯拉夫一世死后，他的三个儿子发生了激烈的内讧。最终，他的第三个儿子（也有史料说第二个儿子）弗拉基米尔·斯维亚托斯拉维奇（958—1015）于公元980年成为基辅罗斯大公。

成为基辅罗斯大公之后，弗拉基米尔·斯维亚托斯拉维奇东征西讨，南征北战，开疆拓土，声名远播。

在长期作战过程中，他认识到了统一全国宗教信仰对于国家统一的重要作用。

公元987年，东罗马帝国发生内乱，皇帝瓦西里二世向弗拉基米尔求援，双方结成同盟。

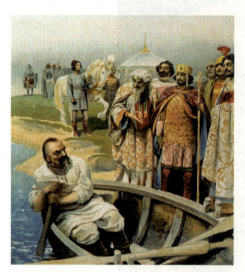

斯维亚托斯拉夫一世会见东罗马皇帝

弗拉基米尔·斯维亚托斯拉维奇肖像

为了巩固基辅罗斯同东罗马帝国的联盟，弗拉基米尔·斯维亚托斯拉维奇提出迎娶东罗马帝国皇帝瓦西里二世的妹妹安娜的要求。

东罗马帝国答应了这门婚事，前提是他必须皈依基督教。再加上童年时光是在信仰基督教的祖母奥丽加身边度过的，弗拉基米尔·斯维亚托斯拉维奇经过谨慎考虑同意了这个条件。

公元988年年初，弗拉基米尔·斯维亚托斯拉维奇受洗为基督徒，与安娜公主正式结婚。

此后，弗拉基米尔·斯维亚托斯拉维奇立刻开始强制传播基督教。他规定基督教为基辅罗斯的国教，命令全国人民必须信仰基督教。

回到基辅后，弗拉基米尔·斯维亚托斯拉维奇就下令所有基辅人民必须在第聂伯河接受东罗马帝国神职人员的洗礼，基辅罗斯其他地区的人民也很快受洗为基督徒。这就是俄国历史上著名的"罗斯受洗"。

从此以后，东斯拉夫人的历史和基督教信仰牢固地联系在了一起，东罗马文化和东斯拉夫文化相融合，最终形成了留里克王朝的文化风格。

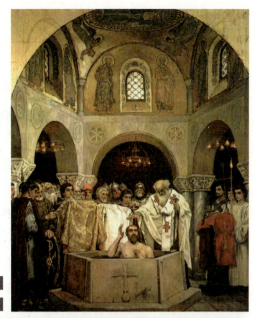

上 | 描绘弗拉基米尔·斯维亚托斯拉维奇
受洗的画作 |
下 | 关于"罗斯受洗"的画作 |

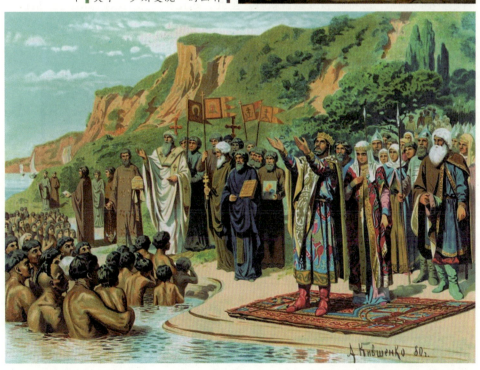

弗拉基米尔·斯维亚托斯拉维奇发展了基辅罗斯与东罗马帝国的关系，使基辅罗斯的经济、文化都得到繁荣发展。古代罗斯的教育事业就是在他统治时期开始的，贵族们不得不把他们的孩子送到学校里接受教育。他在位时期是古代基辅罗斯国家的黄金时代，当时出现了许多歌颂他的歌谣和民间传说。

　　在这里，小姨简单说一下基督教的发展历史。基督教产生于公元1世纪的耶路撒冷。公元313年，基督教成为罗马帝国的合法宗教。到了公元392年，基督教成为罗马帝国的国教。公元395年，罗马分裂为西罗马和东罗马，基督教的东方正教会和西方罗马教会也随之各自独立行事。随着时间的推移，东西方教会的分歧不断加深，双方的争执也愈演愈烈。1054年，基督教正式分裂为天主教（罗马公教）和东正教（希腊正教）。天主教以罗马教廷为中心，教会的最高领袖是罗马教皇（亦称教皇、教宗）；东正教以君士坦丁堡为中心，教会最高权力属于东罗马帝国的皇帝。1517年至1648年，欧洲爆发了一场自上而下的宗教改革运动，天主教又分裂出许多不同宗派，统称新教或基督新教。至此，东正教、天主教和新教并称基督教三大流派。

东正教关于基督受难的绘画

你可以看出，基督教刚传入基辅罗斯时，还是一个统一的教派，所以东正教和天主教都把弗拉基米尔·斯维亚托斯拉维奇封为圣徒。基督教分裂后，因为基辅罗斯信奉的基督教是从东罗马帝国传入的，那里的人民自然而然地成为东正教徒。如今，东正教徒主要分布在巴尔干半岛和东欧，而俄罗斯的东正教会是其中势力最强的教会。

　　在弗拉基米尔·斯维亚托斯拉维奇统治末期，基辅罗斯的政权已经显现出不稳定的迹象。他的儿子雅罗斯拉夫·弗拉基米罗维奇（约978—1054）继位之后，勉强维持了基辅罗斯的强盛国力。但雅罗斯拉夫·弗拉基米罗维奇去世后，基辅罗斯发生了内乱，分裂成许多小公国。1097年，基辅罗斯诸王公在基辅城附近的柳别奇开会，史称柳别奇大公大会。在这次会议上，各公国的王公名义上同意听命于基辅大公，但他们一致同意把基辅罗斯的疆土分割为若干单独的王公领地，统一国家从此被诸侯割据所取代。这些公国都自称基辅罗斯文化和地位的正统继承者。它们各自为政，彼此不合，再也没有力量抵抗入侵者了。就这样，盛极一时的基辅罗斯没有逃脱分崩离析的命运。

▌俄罗斯东正教关于基督复活的绘画▌

弗拉基米尔·莫诺马赫（1053—1125）在这次会议上分得了佩列亚斯拉夫、斯摩棱斯克、罗斯托夫和诺夫哥罗德。后来，弗拉基米尔·莫诺马赫成为基辅大公（1113—1125）。其间，他一度团结各罗斯公国，抵抗入侵者，中兴了基辅罗斯。但他死后不到20年，基辅罗斯再次陷入大分裂状态。

南方草原上的游牧民族波罗维茨人也乘虚入侵内部纷争不断的基辅罗斯，这使得基辅罗斯人民苦不堪言，盼望有一位民族英雄挺身而出。1185年，一位名叫伊戈尔·斯维亚托斯拉夫（勇敢者伊戈尔）的王公，怀着救国救民的雄心，发动了对波罗维茨人的战争。可惜，他势单力孤，因实力悬殊而以失败告终。

1240年，成吉思汗的孙子拔都率军占领了基辅。1242年，拔都在伏尔加河入海口建立首都萨莱城，正式立国，史称金帐汗国（又称钦察汗国）。金帐汗国建立后，一部分基辅罗斯公国被合并或消灭，其他公国则成为金帐汗国的封国。此后，金帐汗国统治了罗斯人长达238年。

弗拉基米尔·莫诺马赫大公肖像

▌描绘伊戈尔战败场面的画作▐

▌金帐汗国的创立者拔都（坐上座者）▐

金帐汗国对罗斯的统治目的主要有两个：征兵与征税。当时，金帐汗国治下的俄罗斯有些地方由蒙古人直接管理，大部分地区被允许自治。但总体来说，蒙古统治者对基辅罗斯的管理缺乏有效的手段和方法，只是一味地攫取当地的资源。

修斯，现在揭晓关于俄罗斯的中文译名的问题的答案。元代（1271—1368）以前，中国史书通常把基辅罗斯称为"罗斯"。到了元朝，中国史书开始把它称为"斡罗斯""鄂罗斯"等。据说，这是因为，蒙古人说人名、地名时，会习惯性地在前面加上没有实际意义的"额"音。就这样，和金帐汗国统治者同祖同源的元朝统治者就开始把基辅罗斯称为"斡罗斯"或"鄂罗斯"。此后，中国对基辅罗斯的正式称呼主要有"鄂罗斯""俄罗斯""乌鲁斯""啊罗斯"等。直到清朝乾隆皇帝主持编纂《四库全书》期间（1773—1793），我们中国人才把这个国家统一称为"俄罗斯"，并一直沿用至今。

修斯，小姨想通过这封信把自己知道的关于基辅罗斯的历史全部告诉你，没想到居然写了这么多。

对俄罗斯历史知识意犹未尽的小姨

2020 年 8 月 9 日

莫斯科大公国崛起 | 伊凡大帝统一俄罗斯

亲爱的小修斯：

　　小姨在前一封信中提到，金帐汗国统治基辅罗斯的目的主要是征税和征兵，允许大部分地区实行自治。这给予了自治的罗斯公国崛起的机会。正是在这样的机缘下，地处基辅罗斯西北边陲的莫斯科大公国逐渐壮大发展起来，结束了金帐汗国在俄罗斯的统治，建立了以莫斯科大公国为中心的俄罗斯统一国家。

　　前面提到了一度中兴基辅罗斯的弗拉基米尔·莫诺马赫。1108年，弗拉基米尔·莫诺马赫派第七个儿子尤里·多尔戈鲁基（1099？—1157）去统治基辅罗斯西北部的土地。此后，尤里·多尔戈鲁基一直管理着辽阔的罗斯托夫–苏兹达尔公国。1125年，尤里·多尔戈鲁基把公国的首都从罗斯托夫迁往苏兹达尔。当时，罗斯托夫–苏兹达尔公国人口比较稀少，但是尤里·多尔戈鲁基十分珍视这片广袤富饶的土地。他在那里建立了许多城镇要塞，其中就包括莫斯科。

　　根据相关记载，莫斯科始建于1147年。尤里·多尔戈鲁基在一场争夺基辅王位的战争中获胜，他邀请盟友斯维亚托斯拉夫·奥利戈维奇去了一个名叫莫斯科的边界地庆祝胜利。这是历史上第一次提及莫斯科这个地方。尔后，俄罗斯人把这一年当作莫斯科建城的年份。

　　不过，当时莫斯科只是一座边陲小镇。1156年，尤里·多尔戈鲁基大公加固了那里的防御措施，莫斯科由此成为防御性要塞。

尤里·多尔戈鲁基肖像

安德烈·博戈柳布斯基肖像

1155年，尤里·多尔戈鲁基的儿子安德烈·博戈柳布斯基在苏兹达尔建立政权，并将王公府邸设在弗拉基米尔。尤里·多尔戈鲁基去世后，罗斯托夫 — 苏兹达尔大公国被弗拉基米尔 — 苏兹达尔大公国取代。

1169年，安德烈·博戈柳布斯基赶走了当时的基辅大公，并在一段时间内自立为基辅大公。从此，弗拉基米尔取代基辅，成为罗斯的政治中心。

1243年，金帐汗国授予雅罗斯拉夫二世·弗谢沃洛多维奇（1191—1246）"弗拉基米尔及全罗斯大公"称号。此后，拥有弗拉基米尔大公头衔者通常兼任全罗斯大公。

1263年，诺夫哥罗德王公兼弗拉基米尔大公亚历山大·涅夫斯基将莫斯科划为他最小的儿子丹尼尔·亚历山德罗维奇的领地，赐封他为莫斯科王公。

同年，弗拉基米尔大公亚历山大·涅夫斯基去世，弗拉基米尔 — 苏兹达尔大公国分裂，此后罗斯公国的王公需要竞逐由金帐大汗任命的弗拉基米尔大公位。

1276年，全罗斯大公、诺夫哥罗德大公和科斯特罗马王公瓦西里·雅罗斯拉维奇无嗣而终，亚历山大·涅夫斯基的子孙展开了争夺公位的激烈战争。起初，这只是一场弗拉基米尔－苏兹达尔大公国的内战。随着战争的进行，其他罗斯公国陆续加入这场战争，战争逐步升级为东北罗斯各公国的争霸战争。这就是1281年至1293年的东北罗斯内战。最终，全罗斯大公兼佩列斯拉夫尔－扎列斯基王公胜利者德米特里对弗拉基米尔公国的统治被推翻。

　　在这场战争中，莫斯科王公丹尼尔·亚历山德罗维奇左右逢源，时常转换立场，以谋取最大的利益。

　　就这样，莫斯科大公国于1283年正式建立，丹尼尔·亚历山德罗维奇也由莫斯科王公变为莫斯科大公。

　　尤里·丹尼洛维奇（1281—1325）是第二任莫斯科王公，也是莫斯科大公国的初创者。

　　尤里·丹尼洛维奇和金帐汗国的大汗结成同盟，进一步扩大了莫斯科大公国的疆域和政治影响力。

莫斯科大公国国旗

061

丹尼尔·亚历山德罗维奇在位期间，莫斯科只是俄罗斯中部的一座木造小城

伊凡一世·丹尼洛维奇（1288—1340）是尤里·丹尼洛维奇的继任者，他富于谋略，为达到目的不择手段。1328年，伊凡一世在金帐汗国的帮助下取得了弗拉基米尔大公之位，掌握了金帐汗国向罗斯各地缴收贡赋的征集权。同年，伊凡一世把作为俄罗斯统一象征的弗拉基米尔主教府迁至莫斯科。就这样，他利用政治和宗教上的权威，使莫斯科成为基辅罗斯的政治中心和宗教中心。但是，伊凡一世敛财无数而又一毛不拔，获得了"卡利塔"（钱袋）的绰号。

在莫斯科公国逐渐强大的同时，金帐汗国日渐衰弱。1378年，金帐汗国出兵20万进攻企图脱离蒙古人统治的莫斯科大公国，德米特里·伊凡诺维奇大公率领15万大军迎战。1380年，两支军队在顿河流域的库里科沃原野展开决战，史称库里科沃战役。这场战役打破了蒙古军队不可战胜的神话，德米特里因而被尊称为"顿斯科伊"（意为"顿河英雄"），莫斯科大公国暂时获得了独立。虽然两年后（1382）金帐汗国攻陷莫斯科，迫使罗斯人再次臣服蒙古人，但是俄罗斯历史学家认为这次战役是俄罗斯历史的重要转折点。此后，莫斯科公国日渐兴盛，最终实现了独立。

德米特里·伊凡诺维奇在位期间，把莫斯科周围的木墙换成石墙，用来抵御外敌入侵。与此同时，莫斯科大公国不断征服邻近的大公国，当仁不让地成为它们的首脑，也当仁不让地对它们发号施令。

德米特里·伊凡诺维奇的继任者继续实行以莫斯科为中心、统一全俄罗斯的政策。不过，这一政策的实施过程并不顺利。

1425年，莫斯科大公国爆发内战。这场战争一直持续到1453年，莫斯科大公国的人口因此减少约1/5。

这场战争是古罗斯有史可考以来规模最大的王朝战争，史称莫斯科大公国内战。

莫斯科大公国内战的导火索是瓦西里二世·瓦西里耶维奇（1415—1462）的母亲从瓦西里·科索伊处夺走了德米特里·伊凡诺维奇的金腰带，史称"夺带事件"。

在这场规模空前的古罗斯内战中，作战双方动员军力都超过100 000人。战争的最终结果是，瓦西里二世取得了全面胜利，莫斯科大公国内部的自治领地大多失去了独立地位，曾经和莫斯大公国平起平坐的其他大公国的独立地位也大大削弱。

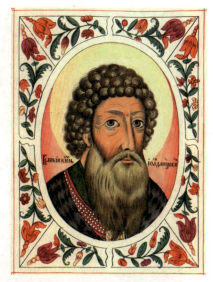

▌伊凡一世·丹尼洛维奇肖像▐

▌德米特里·伊凡诺维奇肖像▐

063

生活在俄罗斯才知道

德米特里·伊凡诺维奇在库里科沃战役前接受东正教会的祝福

艺术家根据想象创作的金帐汗国攻陷莫斯科的场景图

描绘"夺带事件"的画作

　　莫斯科大公国内战期间，俄罗斯东正教会大力支持瓦西里二世。1448年，瓦西里二世任命俄罗斯土生土长的梁赞大主教约拿为莫斯科都主教，这标志着俄罗斯教会正式脱离君士坦丁堡牧首的管辖而实行自治，提高了俄罗斯的国际地位。

　　　　修斯，莫斯科公国从建立之初就开始利用灵活的政策，在大约180年的曲折发展过程中，它不断壮大自身实力。到瓦西里二世去世时，莫斯科大公国已经成为15世纪唯一一个能和金帐汗国抗衡的大公国。

　　　　　　　　　　　觉得需要灵活变通的小姨
　　　　　　　　　　　2020年8月16日

莫斯科大公国统一俄罗斯 |
伊凡三世施展文韬武略

亲爱的小修斯：

　　今天出场的历史人物可是俄罗斯历史上赫赫有名的大人物。可以说，没有他，就没有今天的俄罗斯。他就是子承父业的伊凡三世——瓦西里二世的儿子。

　　伊凡三世·瓦西里耶维奇（1440—1505），正式头衔是全俄罗斯的君主及大公，是莫斯科公国统一俄罗斯的首任君主。伊凡三世完成了古代俄罗斯的统一大业，并在其他方面取得了辉煌成就。后人尊称他为伟大者，全称是"蒙上帝洪福，罗斯的解放者，全罗斯的伟大恺撒与统治者，全罗斯、莫斯科、基辅、弗拉基米尔、诺夫哥罗德、特维尔的大公……"。他一共有32个头衔。我们中国人通常把他称为伊凡大帝。

　　伊凡三世出生时，正值莫斯科大公国内战。有关伊凡三世的童年记载现已散佚，人们只知道他跟随父亲瓦西里二世四处迁徙。14岁那年（1454），伊凡三世被封为佩列斯拉夫尔-扎列斯基王公，他在莫斯科附近有了领地。

　　1460年，伊凡三世返回莫斯科，随后成为瓦西里二世的共治者。

　　1462年，瓦西里二世去世，伊凡三世继位为莫斯科大公。继位后，他继续完成瓦西里二世的未竟之业——统一俄罗斯全境。不过，与瓦西里二世不同，伊凡三世纵横捭阖于诸罗斯公国之间，坚持智取武夺相结合的策略。比如：他通过外交手段

上 伊凡三世肖像

下 描绘第三次莫斯科－诺夫哥罗德战争的画作

把雅罗斯拉夫尔公国等纳入莫斯科公国的版图，而罗斯托夫大公国几乎是他花钱买下来的。对于实力雄厚的诺夫哥罗德公国，伊凡三世更是使用了安插亲信、发动战争、威逼利诱等手段。1477年10月至1478年1月，伊凡三世发动第三次莫斯科－诺夫哥罗德战争（第一次莫斯科－诺夫哥罗德战争是瓦西里二世发动的，第二次也是伊凡三世发动的）。莫斯科大公国将士一路兵不血刃，成功征服了诺夫哥罗德公国。吞并诺夫哥罗德公国之后，伊凡三世已经将所有独立的罗斯公国以臣属或附庸的形

式归入他的麾下。

同时，趁金帐汗国衰落和分裂之际，伊凡三世逐一兼并了从金帐汗国分裂出来的小汗国，只有喀山汗国例外。

1480年，伊凡三世更是直接拒绝了前来索取贡赋的金帐汗国特使的要求，当场撕毁了金帐汗国特使带来的索要贡赋的国书，还下令处死了金帐汗国特使。

伊凡三世的举动宣告了莫斯科大公国正式脱离金帐汗国。也就是说，伊凡三世此举标志着两个多世纪以来金帐汗国对俄罗斯的统治正式结束了。

在完成莫斯科统一大业的过程中，有一个人功不可没，那就是伊凡三世的第二任妻子索菲娅·帕列奥罗格。

为了说清楚事情的来龙去脉，我们在这里穿插一段关于二人姻缘的故事。

1453年，东罗马帝国灭亡，末代皇帝的弟弟带着女儿索菲娅·帕列奥罗格逃往罗马天主教教廷避难。此时，以莫斯科为首的诸罗斯公国成为东正教的最后据点，而罗马天主教教廷试图趁机把分裂的天主教和东正教合二为一。于是，罗马教皇提议把索菲娅公主嫁到莫斯科大公国，为建立以罗马为中心的统一基督教会打下基础。伊凡三世同意了这门婚事，但他提出一个条件：他和索菲娅公主所生子女不得继承莫斯科大公之位。

1472年11月，伊凡三世和索菲娅公主在莫斯科举行了盛大婚礼。迎娶东罗马帝国的末代公主，意味着伊凡三世成为东罗马帝国的合法继承人，他至少在名义上可以把所有信奉东正教而又尚未归顺的罗斯公国纳入莫斯科公国的版图。

索菲娅公主带来了大量书籍。这些书籍对俄罗斯的文化发展发挥了重要作用，而莫斯科大公国对东罗马文化的继承和发展也起到了不可替代的作用。自索菲娅到莫斯科以来，莫斯科大公国的宫廷制度就按照拜占庭帝国的标准进行改革，莫斯科大公国的各种规章礼仪日渐完善。

伊凡大帝确立了莫斯科大公国的贵族体系，他把贵族分为8个等级，分别是波雅尔、朝臣、杜马贵族、执事、侍从官、侍讼官、服役贵族和贵族臣下。其中，前4个等级是杜马贵族，可以进入杜马议政。

在伊凡大帝在位不到半个世纪的时间里，莫斯科大公国的版图扩大了6倍，实际上已经成为一个统一的国家，即形成了以莫斯科为中心的俄罗斯。

此外，伊凡三世聘请意大利建筑师修建了莫斯科克里姆林宫建筑群的主体部分，今天的我们仍能领略其雄伟壮丽。

1497年，伊凡大帝颁布《伊凡三世法典》（又名《1497法典》），确立了莫斯科大公国的政府机构。根据这部法典，东罗马帝国国徽上的双头鹰成为莫斯科大公国的象征，"飞上"莫斯科大公国的国徽和伊凡三世的徽章。现在的俄罗斯双头鹰标志就是由此演化而来的。同年，一面镀金的双头鹰纹徽被安放在克里姆林宫的斯巴斯克塔楼顶端。但这部法典规定，农民只有在圣尤里节（俄历11月26日）前后两周才能四处走动（如果地主不愿放行，农民只能再等一年），开辟了莫斯科公国的农奴化进程。

莫斯科大公国使俄罗斯摆脱了长达238年的异族统治，获得了独立。获得新生的莫斯科大公国以拜占庭帝国继承人的身份登上了国际舞台，在半个世纪的时间里征服了以莫斯科为中心的广阔领土。这个15世纪初期还是东欧平原上偏安一隅的大公国，16世纪初一跃成为欧洲地区不可忽视的重要政治力量。

> 　　修斯，伊凡三世在位晚期，已不满足于"莫斯科大公"这个称号，但又不想自称"国王"。在正式文件中，他完整的自称是"上帝垂恩之全俄君主及莫斯科大公国大公伊凡三世"。因此，他是第一位自称"全俄君主"的俄罗斯统治者。
>
> 　　　　　　　　　　不断为古今中外的历史人物所折服的小姨
> 　　　　　　　　　　2020年8月22日

留里克王朝绝嗣而终 | 伊凡雷帝自称沙皇

亲爱的修斯小朋友：

　　伊凡三世在世的时候，人们把他称为全俄罗斯的伟大恺撒。注意哦，恺撒指的是皇帝头衔，而不是恺撒大帝。他本人并未采用这一头衔。最后，他的孙子伊凡四世采用了这一头衔，改称沙皇。"沙皇"其实就是"恺撒"的俄语发音。

　　前面讲过，伊凡三世和索菲娅·帕列奥罗格结婚的条件就是：他和索菲娅公主所生子女不得继承莫斯科大公之位。但是，历史跟他开了一个玩笑。早在1502年，他就任命他们二人所生的儿子瓦西里为共治者。从1504年开始，他干脆隐居在莫斯科附近的谢尔吉耶夫圣三一修道院。等他于1505年去世时，瓦西里顺理成章地继承了他的王位，史称瓦西里三世。

　　瓦西里三世继承了历代莫斯科大公的共同政策，努力推动俄罗斯统一。他在位期间（1505—1533），俄罗斯最后一批半独立的罗斯公国被并入莫斯科公国版图。莫斯科公国先后于1510年兼并普斯科夫，1513年兼并沃洛科拉姆斯克，1521年兼并梁赞，1522年兼并诺夫哥罗德－谢韦尔斯基。

　　伊凡四世·瓦西里耶维奇（1530—1584）是瓦西里三世之子，又被称为恐怖伊凡或伊凡雷帝。他是俄罗斯沙皇国的开创者，也是俄国历史上的第一位沙皇。

　　1530年，伊凡四世出生在克里姆林宫。传说，他出生时正好电闪雷鸣，因此被称为伊凡雷帝。他三岁那年，瓦西里三世去世，遗诏指定伊凡四世的母亲叶莲娜和7位大贵族组成摄政会议，在伊凡四世成年之前代理朝政。但叶莲娜不久就废除了摄政会议，独揽大权。

伊凡四世肖像

1547年，莫斯科克里姆林宫的圣母升天大教堂为伊凡四世举行了隆重的加冕仪式，大主教马卡林为他戴上了东罗马皇冠。在加冕式上，伊凡四世发表重要讲话，他表示要亲政并自称沙皇。从此，伊凡四世成为俄罗斯历史上第一位沙皇，莫斯科大公国改称俄罗斯沙皇国，俗称沙皇俄国。

1549年2月底，伊凡四世为了巩固他的统治地位，在莫斯科召开了有领主贵族、服役贵族、高级僧侣、政府高级官吏等参加的联席会议。这次会议决定编纂新法典以代替《伊凡三世法典》，并宣布实行旨在巩固皇权的改革。这就是俄国历史上第一次全俄罗斯缙绅会议。它的召开标志着俄国等级代表君主制的建立。

后来，凡遇国家大事，均由贵族、僧侣和市民的代表参加的全俄罗斯缙绅会议讨论决定。

不过，伊凡四世不是一位开明的君主，他在位期间实行了独裁统治。

伊凡四世生性多疑，反复无常，又极端残忍。他以严厉残酷的方式铲除了大贵族中的异己分子，先后共杀死了大约4000名大贵族，杀害的平民百姓更无以计数。正是出于这个原因，人们把他称为"恐怖伊凡"。

伊凡四世亲政期间，俄罗斯继续向外扩张版图。1547年至1552年，伊凡四世发动了对喀山汗国的远征，消灭了喀山汗国。后来，伊凡雷帝又吞并了阿斯特拉罕汗国、西伯利亚汗国等，还打败了克里木汗国。因此，从伊凡雷帝时期开始，俄罗斯成为一个多民族国家。

上 画作《伊凡雷帝占领喀山》
下 描绘伊凡四世的大军围攻喀山的画作

1558年至1583年，伊凡四世发动了立窝尼亚战争，企图夺取波罗的海的出海口和波罗的海东岸的土地。这场战争持续了25年，耗费了伊凡四世的大部分精力，但俄国最终以失败而告终。

1581年，伊凡四世以穿着不符合宫廷礼仪为由暴打怀有身孕的王储妃，闻声赶来的王储伊凡·伊凡诺维奇想要保护妻子，结果被伊凡四世用手中的权杖击中头部，当场毙命。

俄罗斯著名画家伊利亚·列宾以这一真实历史事件创作了经典画作《伊凡雷帝杀子》（原名为《1581年11月16日的伊凡雷帝和他的儿子》）。画作中，在灰暗压抑气氛笼罩下，奄奄一息的伊凡·伊凡诺维奇无力地靠在父亲胸前，用绝望而宽恕的双眼看着父亲。伊凡雷帝惊恐地搂着儿子，双眼充满悔恨，他用一只青筋突出的手搂着儿子的身体，另一只手紧紧按住儿子流血的伤口，试图挽救儿子的生命。

▌列宾经典画作《伊凡雷帝杀子》▌

1584年，伊凡雷帝去世，他的儿子费奥多尔·伊凡诺维奇继位为俄国沙皇，史称费奥多尔一世·伊凡诺维奇。费奥多尔一世思维简单，对朝政毫不关心，国家政权实际上落入摄政大臣鲍里斯·戈都诺夫手中。他在位期间，俄国唯一值得书写的事情就是，莫斯科都主教区于1589年升格为牧首区，莫斯科取代君士坦丁堡，成为东正教的中心。

费奥多尔一世生前没有诞下子嗣。1598年，费奥多尔一世去世，留里克王朝因绝嗣而终结。同年，全俄缙绅会议推举戈都诺夫为俄罗斯沙皇。就像列宾在《伊凡雷帝杀子》中预示的那样（象征俄国皇权的权杖落到一旁），留里克王朝的皇权旁落了。

列宾画作《鲍里斯·戈都诺夫和伊凡四世》

1605年，戈都诺夫去世，俄国进入动荡不安的空位时期（1606—1613）。其间，对戈都诺夫不满的俄罗斯贵族导演了一出荒诞剧：他们谎称伊凡四世的幼子德米特里没有死，还找来一个人冒充他，并把这个人推上沙皇宝座。而德米特里本尊8岁那年（1553）就死于非命，据传是戈都诺夫派人暗杀的。仅仅过了一年，人们就发现了真相，处死了这个假冒的沙皇，史称伪德米特里一世。此后，俄国又相继出现了伪德米特里二世、伪德米特里三世和伪德米特里四世这三个冒牌沙皇。

画作《伪德米特里的最后一刻》

修斯，伊凡四世凭借自身的文韬武略把俄罗斯建成一个统一的多民族国家，而他的残暴统治又让这个国家很快进入动荡不安之中。

觉得"以史为镜"永不过时的小姨

2020年8月27日

罗曼诺夫王朝拉开序幕 | 米哈伊尔成为新沙皇

亲爱的修斯小朋友：

　　中国古代有句谚语："国一日不可无君，家一日不可无主。"显然，苦不堪言的俄国人民应当对此深有体会，他们盼望早日结束空位时期的混乱状态。于是，全俄罗斯缙绅会议为他们推选了一位新沙皇，他就是罗曼诺夫王朝的第一位沙皇米哈伊尔一世。

　　1613年2月21日，全俄罗斯缙绅会议推选米哈伊尔·费奥多罗维奇·罗曼诺夫（1596—1645）为俄国新任沙皇。论起来，米哈伊尔是伊凡四世的第一任皇后的侄孙。也就是说，伊凡四世的第一任皇后是米哈伊尔的姑奶奶。这是米哈伊尔当选新沙皇的重要原因。

　　米哈伊尔当选沙皇后，莫斯科全城向他宣誓效忠并向俄罗斯各城市下发诏书，宣告新沙皇的诞生，同时派使者在全国各地的教堂接受民众的效忠宣誓。更重要的是，莫斯科组织了规模宏大的使团，前往米哈伊尔的封地，隆重迎接他到莫斯科登基。

　　但是，米哈伊尔对于自己被推选为沙皇一度不知所措，他躲在科斯特罗马的伊帕季耶夫修道院里不肯出来。莫斯科使团在修道院里找到了米哈伊尔和他母亲，他们满心欢喜地表示要迎接米哈伊尔前去莫斯科登基，不料遭到了二人严词拒绝。经过莫斯科使团苦苦相劝，米哈伊尔最终无奈地答应了前往莫斯科登基。1613年7月22日，米哈伊尔正式加冕为俄罗斯沙皇，史称米哈伊尔一世，罗曼诺夫王朝由此拉开了序幕。

画作《米哈伊尔当选沙皇》

描绘米哈伊尔一世加冕仪式的画作（局部）

沙皇米哈伊尔一世年轻时的肖像

　　米哈伊尔一世登基时，俄国民不聊生，叛乱四起，正经历着严重的政治危机，许多外国国王试图兼并这个动荡不安的国家，其中包括波兰王储、瑞典王子等。米哈伊尔的父亲大牧首菲拉列特（原名费奥多尔·尼基季奇·罗曼诺夫）被长期关押在波兰。他本人既没有治理国家的经验，也没有治理国家的能力。他对母亲和身边的大臣言听计从，罗曼诺夫王朝的政权实际上掌握在莫斯科大贵族手中。

　　1619年，米哈伊尔一世的父亲大牧首菲拉列特被波兰释放，回到了俄罗斯。米哈伊尔一世下诏规定，菲拉列特享有和沙皇同等的待遇，他的命令等同于沙皇诏书。这样一来，大牧首菲拉列特成为掌握实权的太上皇。他逐渐掌握了实权，以铁腕手段实施统治。当时，俄国的国家公文要标注沙皇和大牧首两个人的名字。最后，大牧首菲拉列特把大贵族排挤出了决策层，俄国自此真正结束了自伊凡四世逝世以来的混乱局面。

　　1633年，大牧首菲拉列特病逝，莫斯科的大贵族再度掌握了俄国实权。1645年，米哈伊尔一世病逝，他死前下诏指定长子阿列克谢·米哈伊洛维奇·罗曼诺夫（1629—1676）为下一任沙皇，史称阿列克谢一世。

▌阿列克谢一世肖像▐

阿列克谢一世是虔诚的东正教教徒。他严格按照东正教的教规安排自己的饮食起居和国家政务。神父尼孔逐步赢得了沙皇的信任。1652年，尼孔就任东正教大牧首，开始按照东罗马帝国东正教会的典章制度改革俄罗斯东正教会，统一各地教会的宗教活动。

尼孔的改革措施引发了莫斯科贵族和教会人士的不满，俄罗斯东正教会从此分裂为"改革派"和"旧礼仪派"。此后，尼孔提出神权高于君权，实际上是说他的权力高于沙皇阿列克谢一世的权力。阿列克谢一世开始冷落尼孔。最终，莫斯科东正教会剥夺了尼孔的大牧首职位，并把他流放到一座偏远的修道院。

1654年5月，沙皇阿列克谢一世率军亲征波兰，并于同年9月攻陷斯摩棱斯克。1655年夏天，俄军又攻陷了好几座波兰城市，然后班师回国。翌年，阿列克谢一世再度御驾亲征，但他听说实力强大的瑞典军队正向他开来，他被迫撤军。此后，俄军又同波兰军队数次交锋。

1667年1月30日，双方代表在斯摩棱斯克附近的安德鲁索沃签订停战协定，战争结束。

描绘大牧首尼孔改革东正教会的画作

描绘阿列克谢一世御驾亲征的画作

这场战争改变了双方的力量对比：波兰国力大大衰退，逐渐退出欧洲大国的政治舞台；俄罗斯不仅收复了此前失去的大量领土，国际地位也得到很大提升。

但对当时的俄国人民来说，阿列克谢一世是个昏庸的君主。他于1649年颁布《会议法典》。根据这部法典，追捕逃亡农奴的期限为无限期，此前享受免税待遇的贵族和修道院也被征收赋税。而俄国和波兰之间持续13年的战争，导致俄国国库空虚，广大民众也苦不堪言，但阿列克谢一世仍然实行加重赋税等不合理的措施，最终引发了铜币起义、斯捷潘·拉辛农民起义等。

▌描绘铜币起义的画作▌

　　修斯，讲到这里，你会发现，历史上俄罗斯的领土基本上在欧洲。那么，你可能会有疑问："俄罗斯是什么时候成为中国的邻国的呢？"别着急，小姨会在下一封信中揭晓这个问题的答案。

对俄罗斯历史了解越多就越理解俄罗斯人的小姨

2020年9月2日

沙皇俄国成为俄罗斯帝国 |
"国家之父"彼得大帝

亲爱的小修斯：

　　今天的主角是俄罗斯历史上最伟大的沙皇，没有之一。他在军事、政治、宗教、教育、工业、商业等领域实施了一系列改革。这些改革给俄罗斯带来了革命性变化，同时也极大地影响了整个世界。他就是彼得一世，后称彼得大帝。

　　阿列克谢一世曾两度大婚，第一任皇后为他生下了13个子嗣，其中包括费奥多尔三世、索菲娅·阿列克谢耶夫娜和伊凡五世；第二任皇后为他生下三个孩子，其中包括后来大名鼎鼎的彼得大帝。

画作《彼得一世诞生》

费奥多尔三世肖像

　　1676年，阿列克谢一世逝世，自幼体弱多病的费奥多尔·阿列克谢耶维奇成为罗曼诺夫王朝的第三任沙皇，史称费奥多尔三世。他曾经在经济、行政、司法、金融、军事、宗教、教育等方面推行了一系列改革措施，为俄罗斯的现代化奠定了基础，也为日后彼得一世的改革提供了参照样板。

　　1682年，费奥多尔三世去世，没有留下任何子嗣。他的姐姐索菲娅·阿列克谢耶夫娜发动政变，推立亲弟弟伊凡和异母弟弟彼得为共治沙皇，史称伊凡五世和彼得一世。随后召开的全俄缙绅会议确认伊凡为第一沙皇，彼得为第二沙皇，索菲娅·阿列克谢耶夫娜为摄政者。阿列克谢耶夫娜实际上成为俄国真正的统治者，她把体弱低能的伊凡五世留在莫斯科，彼得一世和皇太后避居在莫斯科郊外的普列奥勃拉任斯科耶村。

　　正是在索菲娅·阿列克谢耶夫娜摄政期间，俄罗斯和中国这两个原本相隔千里的国家正式成为邻国。当然，这是一个漫长的过程。其实，早在伊凡雷帝统治时期，俄国军队就开始翻过乌拉尔山向亚洲扩张。

　　到1636年，俄国征服了西伯利亚全境，从此成为世界上领土面积最大的国家。

索菲娅·阿列克谢耶夫娜肖像

1652年（清顺治九年），不断向远东地区扩张的俄军进入黑龙江流域，中俄之间爆发第一场正面冲突。1657年，俄国正规军在清政府视为"龙兴之地"的黑龙江流域建立了雅克萨城和尼布楚城，此后中俄之间发生多次外交和军事上的冲突。1685年，清康熙帝在平定"三藩之乱"后，派兵攻入雅克萨。清军撤军后，俄军卷土重来。1686年，清军再攻雅克萨并围城10个月。这就是雅克萨之战。雅克萨之战后，中俄就东段边界等问题进行交涉。1689年9月7日（康熙二十八年七月二十四日），中方代表索额图、佟国纲等与俄方代表戈洛文等在尼布楚（今俄罗斯涅尔琴斯克）签订中俄《尼布楚条约》。《尼布楚条约》以满文、俄文和拉丁文三种文字签订，其中拉丁文本为双方共同签署的正式文本。该条约划分了中俄两国东部边界，从法律上确立黑龙江和乌苏里江流域包括库页岛在内的广大地区属于中国。这是中国清朝和沙皇俄国之间签订的第一份边界条约，也是中国与西方国家缔结的第一份国际条约。从此以后，俄罗斯和中国正式成为邻国。

少年时期，彼得一世酷爱军事游戏，他把小伙伴编成两支"少年军"，整天在绿荫环绕的村子里建造堡垒，进行军事演习和防战游戏。转眼7年过去了，彼得一世已经17岁了，和他一起玩军事游戏的"少年军"成为两支训练有素的军队。这时，阿列克谢耶夫娜也意识到彼得一世已经成为她的强劲对手。

1689年，阿列克谢耶夫娜发动兵变，企图废黜彼得一世。彼得一世率领"少年军"平息了这场叛乱，把阿列克谢耶夫娜关进了修道院，俄国进入伊凡五世和彼得一世共同掌权时期。实际上，完全没有执政能力的伊凡五世只是名义上的第一沙皇而已；而彼得一世则把国事交给母亲等人处理，他本人依然专心操练"少年军"。

1694年，彼得一世的母亲因病去世，他才真正掌握了实权。这时，俄国基本上是一个内陆国家，经济也非常落后。彼得一世认为，要改变这种状况，必须拥有出海口，有了出海口，就等于打开了通向西欧的门户。1695年1月，彼得一世亲率3万大军远征奥斯曼土耳其帝国的亚速，结果因没有舰队配合而失败。他吸取教训，在顿河河畔建立了一支小型江河舰队。这是俄国历史上第一支舰队。第二年春天，彼得一世再次远征亚速海，并在舰队配合下夺占亚速。但是，他发现俄国还需要打通南方的出海口，因为奥斯曼土耳其帝国依然把持着连接亚速海和黑海的重要通道——刻赤海峡。同时，彼得一世意识到，要想夺得出海口，必须学习西欧的先进科学技术，特别是造船和航海技术。

列宾画作《双沙皇伊凡五世和彼得一世的到来》

1696年2月，共治沙皇伊凡五世病逝，彼得一世成为唯一的沙皇。

1697年，彼得一世派遣了一个庞大的使团前往西欧各国学习先进技术，史称大出使。他本人则化名彼得·米哈伊洛夫，以下士身份随同前往，自称"一个寻师问道的学生"。这个使团的西欧之旅持续了整整18个月，行程达数千千米，先后到过瑞典、普鲁士、英国、神圣罗马帝国、波兰等国。

1698年夏天，近卫军在莫斯科发动叛变，试图拥立阿列克谢耶夫娜为女沙皇。彼得一世闻讯，立即中断行程，先行回国。不过，叛变在他返抵莫斯科之前就已经被平息了，阿列克谢耶夫娜成为修女。彼得一世严厉处罚了参加叛变的近卫军，并解散了这支军队。

当几位大臣前来拜见远途归来的彼得一世时，他突然操起手中的剪刀剪掉了他们的长胡子。

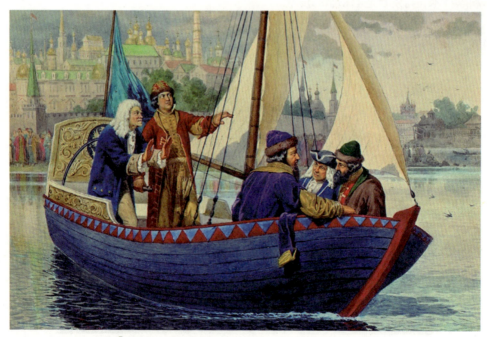

▌彼得一世率领使团前往西欧国家学习先进技术▌

画作《近卫军临刑的早晨》（苏里科夫作）

随后，彼得一世开始在国内全面推行西化改革。他采用强制手段迫使贵族采取西欧各国的生活方式，甚至对不愿意剪掉长胡子的贵族征收"胡子税"。他大力鼓励本国商人和外国商人投资发展工业，先后开办了冶金、纺织、造船等工场200多家。他还征召大批农奴开凿运河，建设通商口岸，发展商业。彼得一世非常重视文化教育，先后开办了工程技术学校、航海学校、造船学校、海军学校等专门学校，派遣留学生到西欧学习。他还创建了博物馆、图书馆和剧院，创办了俄国第一份报纸《新闻报》并亲任主编。

在西欧学习先进技术的同时，彼得一世大量结交西欧各国的上层人士。这让彼得一世认识到：俄罗斯短期内不可能从强大的奥斯曼土耳其帝国手中夺取黑海的入海口。相比之下，北方的瑞典实力不如奥斯曼土耳其帝国，而且波罗的海的出海口比黑海的出海口更有战略价值。

1699年，彼得一世利用波罗的海沿岸各国和瑞典之间的矛盾，与萨克森、丹麦结成了"北方同盟"，开始着手发动对瑞典的战争。1700年2月，萨克森军队包围瑞典控制的里加，大北方战争爆发。同年8月，俄国正式对瑞典宣战，彼得大帝亲率3.5万俄军进逼瑞典的纳尔瓦要塞。11月30日，瑞典国王卡尔十二世带领1万多精兵向俄军发动猛攻，俄军全线崩溃，几乎全军覆没。

初战失利后，俄国彼得一世开始大力发展军事工业，加紧军事改革，建立了正规的陆海军，伺机再战。1701年年底，俄军乘瑞军主力在波兰作战之机，再次对波罗的海沿岸发动进攻，并于1702年秋天攻占了涅瓦河左岸的诺特堡。1703年春，俄军渡过涅瓦河，攻占了波罗的海沿岸的瑞典要塞。同年5月，彼得一世在大涅瓦河的河心岛——兔子岛建立了一座要塞，以圣彼得（常译作圣伯多禄）和圣保罗（常译作圣保禄）这两位基督教圣徒的名字命名为彼得保罗要塞，并把圣彼得选定为这座要塞的守护圣人，圣彼得堡就是以这位圣徒的名字命名的。俄罗斯东正教会也在那里兴建了一座与要塞同名的小型木质教堂——彼得保罗教堂。彼得一世下令在附近修建了几座木房子。这就是圣彼得堡城的雏形。与此同时，他还下令在涅瓦河河口附近的科特林岛上修建喀琅施洛特要塞（现为喀琅施塔得），并在那里创建了波罗的海舰队。从此以后，俄罗斯拥有了波罗的海的出海口。

▌描绘纳尔瓦战役的画作▌

1704年，俄军发动新攻势，从瑞典手中夺取了纳尔瓦、多尔帕特、伊万哥罗德等要塞。此后，大北方战争一直朝着有利于俄国的方向发展。

　　1709年，彼得一世率领俄国主力军队在波兰境内的波尔塔瓦要塞和瑞军主力展开决战，史称波尔塔瓦会战。这场战役的结果是，俄国大获全胜，瑞典则全军覆没。这是大北方战争中最著名的战役，也是大北方战争的转折点。

▍描绘俄军围攻诺特堡的画作▍

▍关于波尔塔瓦战役的马赛克作品（局部）▍

瑞典国王卡尔十二世在波尔塔瓦会战后逃到了奥斯曼土耳其帝国，他说服了苏丹艾哈迈德三世向俄国进攻，而接连的胜仗和国力的提升也让彼得一世再次萌生夺取黑海出海口的想法，第三次俄土战争爆发。1711年7月，4万多俄军在普鲁特河畔被17万土耳其军及其盟军包围。为了避免全军覆没，彼得一世向奥斯曼土耳其帝国妥协，两国签订了停战协定。随后，俄军再次发动了对瑞典的战争，彼得一世集中主要兵力向芬兰方向进攻。

1714年至1720年，彼得一世多次命令波罗的海舰队向瑞典发动大规模进攻，消灭了瑞典海军主力。其间，1714年的甘古特会战是俄罗斯历史上第一次重要的海战胜利。

1721年8月30日，瑞典国王和彼得一世签订了《尼什塔特和约》，长达21年的大北方战争以俄国大获全胜宣告结束，俄国终于拥有了可以自由出入波罗的海的出海口。

修斯，波尔塔瓦会战结束后，彼得一世决定以彼得保罗要塞为中心，在涅瓦河三角洲的诸多岛屿上建立一座新城市，作为俄国的新首都。为此，他特地从国外请来了建筑师和美术家规划新首都，并从全国各地招来经验丰富的建筑工匠。1713年，圣彼得堡正式成为俄国首都，莫斯科的贵族和商贾纷纷迁到圣彼得堡。

在大北方战争期间，沙皇彼得一世对国家机构进行了改革和调整，主要措施有：1711年，设立元老院，所有成员均由彼得一世本人任命，拥有批准法律、认可当选的最高官吏等权力。1718年，设立参议会，这是由高级公务员和军事指挥官组成的委员会，有权在彼得一世不在的情况下做出国家决策。1721年，他以神圣宗教会议代替莫斯科大牧首。

《尼什塔特和约》签订后，圣彼得堡进入长达两个月的狂欢时期。1721年10月22日，在喇叭和雷鸣般的礼炮声中，新首都圣彼得堡先为彼得一世举行古罗马风格的凯旋式，接着神圣宗教会议在彼得保罗教堂为彼得一世举行登基仪式，授予他"彼得大帝、祖国之父、全俄罗斯皇帝"的称号，彼得一世的头衔由沙皇改为皇帝，他的妻子的头衔也由皇妃改为皇后；俄罗斯的国名也由俄罗斯沙皇国改为俄罗斯帝国，而沙皇国国徽也被帝国国徽取代。

描绘俄国海军在甘古特会战取胜的情景的画作

彼得一世参与建造圣彼得堡的规划工作

俄罗斯帝国国徽

1724年秋，彼得大帝有一天在巡查芬兰湾时发现一只搁浅的船，几个士兵落水，有被淹死的危险，热情勇敢的性格让他奋不顾身地跳进水中救助他们。但是，彼得大帝也因此染上了风寒，入冬以后病情严重起来，但他仍坚持工作，派白令去堪察加探险的命令正是他在这个时候起草并颁布的。1725年2月8日，彼得大帝在圣彼得堡逝世，享年53岁。

> 修斯，大北方战争是以俄罗斯和瑞典为主角、欧洲多个国家或地区参与的一场混战，参战各方都是为了自身的利益而战。从此，俄国走上了争夺世界霸权的道路，对世界历史的进程产生了深远影响。
>
> 决心"活到老学到老"的小姨
>
> 2020年9月9日

女皇登上历史舞台丨
叶卡捷琳娜大帝实行"开明专制"

亲爱的修斯：

　　如果说彼得大帝生前有什么遗憾的话，那就是他没有选出满意的继承者。最后，他修改了俄罗斯帝国的继承法，让女性登基称帝成为可能。就这样，有4位女沙皇轮番登上了俄罗斯的历史舞台。其中，最著名的就是叶卡捷琳娜大帝。

　　彼得大帝一生结过两次婚。第一任妻子和他生下三个孩子，但只有阿列克谢·彼得罗维奇（1690—1718）活到了成年。他把阿列克谢立为皇储，期望这个儿子和他一样，成为有勇有谋的君主。但阿列克谢敌视改革，对军事也完全没有兴趣。1718年，彼得一世怀疑皇储阿列克谢参与了推翻他的谋反活动，把他投入监狱，最后处以极刑。

　　彼得大帝的第二任妻子叶卡捷琳娜·阿列克谢耶芙娜是立陶宛农民的女儿，她和彼得大帝一共育有11个孩子，但最终只有两个女儿——安娜·彼得诺夫娜和伊丽莎白·彼得诺夫娜幸存下来。

　　1722年，彼得大帝下诏更改了传统的皇位继承法令，规定：皇位不一定非要传给男性直系后代，皇帝本人可以根据自己的意愿指定任何人继承大统。但是，彼得大帝逝世之前没来得及指定他的继承人。

　　彼得大帝去世后，叶卡捷琳娜·阿列克谢耶芙娜在近卫军的支持下，加冕为俄罗斯帝国女皇，史称叶卡捷琳娜一世。

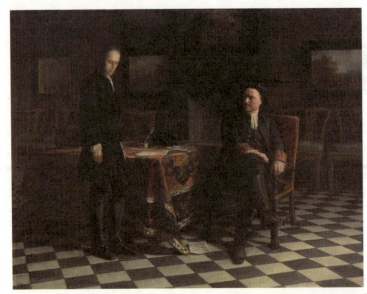

油画《彼得大帝在彼得霍夫宫训诫沙皇储阿列克谢·彼得罗维奇》

安娜·彼得诺夫娜和伊丽莎白·彼得诺夫娜的童年肖像

叶卡捷琳娜一世肖像

　　叶卡捷琳娜一世是俄罗斯帝国的第一位女皇，也是俄罗斯历史上第一位女性君主。在位期间（1725—1727），她按照彼得大帝的遗嘱建立了俄罗斯科学院，这也是人们对她最认可的一项成就。此外，她还创立了最高枢密院，作为俄国最高咨询机关。

　　实际上，叶卡捷琳娜一世不善朝政，实权掌握在缅什科夫、彼得·安德烈耶维奇·托尔斯泰和其他最高枢密院成员手中。临死前数日，叶卡捷琳娜一世签署了传位给彼得大帝的孙子彼得·阿列克谢耶维奇（阿列克谢·彼得罗维奇的儿子）的诏书。

　　1727年，年仅12岁的彼得·阿列克谢耶维奇即位，成为俄罗斯帝国第三位皇帝。1730年1月30日，仅仅做了三年皇帝的彼得二世就因天花病逝。在位期间，彼得二世下诏把宫廷迁回莫斯科，圣彼得堡名义上仍旧是俄罗斯帝国的首都，实际上所有行政命令均出自莫斯科。他在莫斯科克里姆林宫举行了加冕式。这次加冕式的程式安排日后成为历代俄罗斯帝国皇位的继承者加冕式的典范。

彼得二世加冕肖像

安娜一世·伊凡诺芙娜肖像

彼得二世一生未婚未育，罗曼诺夫家族的男性谱系至此绝嗣。谁将继承皇位再度成为俄罗斯国内政治斗争的焦点。彼得二世去世当天，大权在握的最高枢密院拥立伊凡五世的女儿安娜·伊凡诺芙娜为俄罗斯帝国皇位的继承者，史称安娜一世·伊凡诺芙娜。前去迎接安娜的特使同时也带去一份协定书，要求安娜把实权交给最高枢密院。但这对于远嫁国外的安娜来说，不啻喜从天降，她毫不犹豫地签署了这份协定书。

1730年2月26日，安娜在隆重的欢迎仪式中来到了莫斯科。当天，莫斯科臣民向安娜宣誓效忠。在效忠仪式上，安娜在近卫军的支持下，撕毁了最高枢密院的协定书，实施独裁统治。独揽大权之后，安娜女皇做的第一件事就是解散最高枢密院，以内阁取而代之。她还成立了秘密刑侦事务衙门。她利用秘密刑侦事务衙门大肆清洗了莫斯科的贵族势力。

1732年，安娜一世把宫廷从莫斯科迁到了圣彼得堡。在那里，安娜一世完全不理朝政，主要依靠一些德意志顾问来管理俄国事务。

1740年，安娜一世去世，临终前指定她姐姐的外孙，也就是她外甥女的儿子——两个月大的伊凡为继承人，史称伊凡六世。

1741年12月，彼得大帝的女儿伊丽莎白·彼得诺夫娜发动了"不流血政变"，推翻了尚在襁褓中的伊凡六世的统治，并清洗了俄罗斯宫廷中的德意志势力。她本人则成为俄罗斯历史上第三位女皇，史称伊丽莎白一世·彼得诺夫娜。

伊丽莎白一世登基伊始，宣布恢复彼得大帝的所有改革措施。她解散了内阁，恢复了彼得大帝时代的元老院，取消了国内海关，颁布了鼓励商业流通的法令，用法律形式确定了贵族特权，建立了吸纳社会各阶层任职的文官体制。同时，她全力以赴地巩固了君主专制。

伊丽莎白一世非常重视科学和教育的发展。1755年，她鼓励米哈伊尔·罗蒙诺索夫创建了莫斯科大学。1757年，她支持伊万·舒瓦洛夫创建了帝国艺术学院。她还下令建造了叶卡捷琳娜宫、斯莫尔尼大教堂，完成了冬宫的建造并把它作为俄罗斯君主的正式居所。

总体而言，伊丽莎白一世·彼得诺夫娜在位期间，俄罗斯政治相对稳定，经济发展迅速，文化方面也取得了巨大成

伊丽莎白一世·彼得诺夫娜肖像

彼得三世加冕肖像

就。但是，她赋予地主任意把农奴流放到西伯利亚的权力，农奴的处境进一步恶化。

1762年2月，终身未嫁的伊丽莎白一世病逝，彼得大帝的外孙，也就是伊丽莎白一世的姐姐安娜的儿子彼得登基为俄罗斯帝国沙皇，史称彼得三世。

实际上，早在1742年，伊丽莎白一世·彼得诺夫娜就把彼得立为俄罗斯帝国皇储，并把他从德意志接到俄罗斯生活。1744年，索菲娅·奥古斯特作为皇储妃候选人来到莫斯科。她实际上是一位没落的德意志亲王的女儿。同年，她皈依了东正教，改名为叶卡捷琳娜·阿列克谢耶芙娜。1745年，俄罗斯宫廷为彼得和叶卡捷琳娜举行了盛大婚礼，叶卡捷琳娜受封为大公夫人。但是，他们两人的感情非常不好。从此，叶卡捷琳娜苦学俄语，通过阅读大量书籍来打发时间，阅读也丰富了她的思想与见识。她通过不懈努力赢得了俄罗斯帝国宫廷的好感。而彼得大公则不学无术，来到俄罗斯多年依然几乎不会说俄语。

1762年7月，彼得三世登基不到5个月，叶卡捷琳娜·阿列克谢耶芙娜在圣彼得堡通过宫廷政变废黜他。

一个星期后，彼得三世暴死，死因

▌叶卡捷琳娜·阿列克谢耶芙娜肖像▌

▌叶卡捷琳娜二世加冕肖像▌

不明，可能是被毒死或勒死的。叶卡捷琳娜对外宣称彼得三世因消化不良而死。同年9月，叶卡捷琳娜正式在莫斯科克里姆林宫加冕称帝，史称叶卡捷琳娜二世。

叶卡捷琳娜二世遵循彼得大帝的主张，以西欧模式对俄罗斯进行现代化改革。她努力发展工业，鼓励人们开办工场，俄国的手工工场增加了一倍多，政府的税收也有大幅增加。她强调发展农业，接纳了许多外国移民，授予贵族完全的土地所有权。同时，她主张发展自由贸易，投入大量资金建设市镇。

叶卡捷琳娜二世和西欧的启蒙思想家伏尔泰等保持良好的书信来往。重要的是，叶卡捷琳娜二世把她从法国哲学家那里学到的启蒙思想融入具体立法。1766年，她在莫斯科召集由652人组成的立法委员会，要求他们根据俄罗斯帝国的需求制定法律。她本人撰写了立法谕旨，提出了"法律面前人人平等"。

叶卡捷琳娜二世一直非常慷慨地支持赞助文艺、教育等事业的发展。如今，俄罗斯国立艾尔米塔什博物馆的许多收藏品就来自她的私人收藏品。她曾经撰写一本儿童教育手册。同时，她在斯莫尔尼宫建立了贵族女子学院，这是欧洲首家由国家资助的女子高等教育机构。此外，叶卡捷琳娜二世在彼得堡新修了大量宫殿、教堂、府邸和公共建筑。

斯莫尔尼宫，全俄第一所贵族女子学校，也是全欧第一所女子高等学校（1764）

叶卡捷琳娜二世在位期间，俄罗斯帝国通过军事、外交等手段迅速扩张领土。在南方，俄罗斯通过第五次俄土战争（1768—1774）和第六次俄土战争（1787—1792）击败了奥斯曼土耳其帝国，夺取了黑海出海口，吞并了克里木汗国。在西方，俄罗斯、普鲁士和奥地利一起瓜分了波兰。在东方，俄罗斯开始在北美洲的阿拉斯加进行殖民活动。在北方，俄罗斯再次打败瑞典。

▌叶卡捷琳娜二世花押▐

▌关于第六次俄土战争场面的画作▐

1796年年底，叶卡捷琳娜二世因中风病逝，长子保罗·彼得罗维奇继位，史称保罗一世。登基当天，保罗一世就下诏修改了彼得大帝制定的皇位继承法令，改用长子继承皇位制度。在位5年间，他几乎全盘否定了叶卡捷琳娜二世的政策，但他的新政策引起了贵族和军队的仇视。极具讽刺意味的是，1801年3月23日夜晚，保罗一世在他觉得最安全的米哈伊洛夫宫被他最信任的近臣用枕头闷死了。

▌保罗一世和家人▐

　　修斯，叶卡捷琳娜二世因功绩显赫成为俄国人心目中仅次于彼得大帝的君主，她是第三位获得"大帝"称号的俄罗斯君主，也是唯一一位获此殊荣的俄罗斯女皇。自此以后，俄罗斯历史上再也没有"大帝"出现。

对俄罗斯历史抱有浓厚兴趣的小姨

2020年9月16日

俄罗斯君主成为"欧洲救世主"】
亚历山大一世和俄国卫国战争

对俄罗斯历史兴趣不减的修斯：

　　如果说18世纪以前的俄罗斯不断走向欧洲的中心的话，那么18世纪的俄罗斯就是欧洲的中心。完成这一转变的，就是今天的主角亚历山大一世。

　　1801年3月24日凌晨，皇储亚历山大·巴甫洛维奇率兵进入冬宫，正式宣布保罗一世猝死的消息，同时即位为俄罗斯帝国新一代沙皇，史称亚历山大一世。

　　即位伊始，宣布大赦逃亡的农奴，解除了贵族子弟不准出国留学的禁令，恢复了俄罗斯同欧洲其他国家的贸易往来。1802年，亚历山大一世设立部长委员会，9位部长（外交部部长、战争部部长、参谋部部长、经济部部长、国务部部长、农业部部长、交通部部长、司法部部长和教育部部长）均由他亲自任命。1803年，亚历山大签署《自由农民法令》，宣告农奴在支付主人认可的赎金后可以得到解放。但这项法令遭到了贵族阶层的反对，只有不到5%的农奴通过赎身获得了自由。

　　亚历山大一世的政绩主要体现在军事和外交方面。他在位前期也主要是在战争中度过的。

　　在这里，我们先了解一下欧洲当时的形势。1789年，法国爆发了大革命，法兰西共和国成立，史称法兰西第一共和国。1791年，法国国王路易十六被捕，激化了欧洲君主对法兰西共和国的敌视。1792年，法国对奥地利宣战，法国大革命战争爆发。1793年1月21日，法国以叛国罪处死了路易十六，激怒了几乎所有其他欧洲国家的君主。自1793年至1815年，欧洲各国先后7次结成反法同盟，同法国进行了长达20多年的战争。前两次反法同盟和法国之间的战争是法国大革命战争的重要组成部分，后5次反法同盟则构成拿破仑战争的主体。

1802年，第二次反法同盟瓦解，法国大革命战争结束，法国也成为欧洲大陆的霸主。军人出身的拿破仑因战功显赫而成为法国最高统治者。对法国人民来说，法国大革命战争是新建立的法兰西共和国巩固革命果实、反抗外国入侵的正义战争。法国大革命战争结束后，欧洲进入短暂的和平时期，但第二年就陷入规模更大的拿

亚历山大一世骑马像

破仑战争（1803—1815），战争也转变为具有对外侵略性质的战争。1804年，法兰西共和国改称法兰西帝国，拿破仑加冕称帝，史称拿破仑一世。

俄罗斯曾于1799年参加第二次反法同盟，但第二年就退出了。在第三次反法同盟和第四次反法同盟与法国的战争中，俄军先后于1805年和1807在奥斯特利茨战役（又称三皇会战）和弗里德兰战役中惨败。1807年7月7日，亚历山大一世与拿破仑一世在涅曼河中央的竹筏上的亭子里会谈，签订了《提尔西特和约》。《提尔西特和约》结束了法兰西帝国和俄罗斯帝国之间的战争，两国结成同盟：法国承诺帮助俄罗斯对抗奥斯曼土耳其帝国，而俄罗斯则同意参与对欧洲大陆封锁以对抗大英帝国。俄罗斯也因此没有参加第五次反法同盟。

1806年，奥斯曼土耳其帝国苏丹塞利姆三世利用俄国在奥斯特利茨战役中战败的时机，正式对俄国宣战，第七次俄土战争爆发。战争初期，俄军主力正在和拿破仑的法军交战，亚历山大一世不愿意集结大军对付奥斯曼土耳其帝国，但俄罗斯海军依然大败土耳其舰队，牢牢掌控着黑海的制海权。《提尔西特和约》签订后，第七次俄土战争升级。

上 描绘奥斯特利茨战役
　 场面的画作

下 亚历山大一世和拿破仑
　 一世在涅曼河中央搭好
　 亭子的竹筏上会晤

　　这场战争进行了6年，但两国的国界几乎没有变更。其间，俄法关系日益恶化。

　　1812年5月28日，俄罗斯帝国和奥斯曼土耳其帝国签订了《布加勒斯特条约》，第七次俄土战争结束。

　　第七次俄土战争期间，拿破仑一世在欧洲大陆获得了空前的军事胜利。1811年，拿破仑一世开始调整军事和外交政策，为入侵俄国做准备。1812年6月，拿破仑一世集结61万军队，兵分三路向俄罗斯进军。6月24日，法军渡过涅曼河，向俄国不宣而战，史称俄法1812年战争或拿破仑征俄战争，俄罗斯人把这场战争称为俄国卫国战争。

第七次俄土战争初期凯旋的俄罗斯舰队

拿破仑一世原本打算在一场战役中一举消灭只有20多万兵力的俄国军队，迫使亚历山大一世投降。出乎拿破仑一世意料的是，俄军实行焦土政策，把法军必经之处烧得一干二净，打乱了他速战速决的计划。法军开始深入俄国境内，期望占领莫斯科，迫使俄国投降。进入9月，法国军队开始对寒冷的俄罗斯气候水土不服，士气开始动摇。9月7日，拿破仑一世率领法军和米哈伊尔·库图佐夫元帅率领的俄军在莫斯科附近的博罗金诺发生了激烈的战斗，史称博罗金诺战役。在这场战役中，双方伤亡惨重，俄军损失尤为惨重。库图佐夫决定放弃莫斯科，大部分莫斯科居民也随军撤出。9月14日，莫斯科发生火灾，这座千年古城毁于一炬，除了部分大型建筑仅存，其余部分完全被焚，史称1812年莫斯科大火。法军攻占莫斯科后，拿破仑一世看出形势对法国不利，向俄国提议停战，但未收到答复。这时，寒冷已经来临，前线开始飘雪，法军过分深入俄国，补给线又太长。10月19日，拿破仑一世下令撤退，南下寻找粮食和温暖的住所。

描绘博罗金诺战役的画作

描绘 1812 年莫斯科大火的画作

放弃莫斯科后，库图佐夫巧妙地把俄军主力转移到了塔鲁季诺附近，切断了拿破仑一世向俄国南部地区撤退的通道。在那里，库图佐夫决定暂时不惊动拿破仑一世，故意按兵不动，以迷惑拿破仑一世。拿破仑一世曾在两周内不知俄军去向。与此同时，库图佐夫派出小股骑兵和游击队同法军展开小规模战斗。10月24日，法军在小雅罗斯拉韦茨镇和俄军展开了激烈的战斗，拿破仑一世被迫改变撤退路线，沿着法军进入俄国的路线撤退。

同年11月底，法军抢渡别列津纳河时，俄军兵分三路炮击法军，法军死伤惨重。法军大败后狼狈渡过别列津纳河。12月5日，拿破仑一世将残部交由缪拉元帅指挥，他本人则和亲信乘坐雪橇经华沙赶回巴黎。俄军继续战斗，法军残部几乎被全歼。

俄国卫国战争胜利后，俄国、普鲁士、奥地利等国于1813年春组成第六次反法同盟，亚历山大一世成为反法联军总司令。附庸国家也乘机摆脱法国控制，拿破仑一世陷入了困境。

▌描绘拿破仑一世率军抢渡别列津纳河的油画▐

1813年10月，反法盟军在莱比锡战役中击败法国。1814年3月底，亚历山大一世率领反法联军进入巴黎。4月11日，拿破仑一世宣布无条件投降。同月13日，拿破仑一世签署退位诏书，法兰西第一帝国覆灭。巴黎交由俄军掌管，亚历山大一世率领50万军队通过巴黎凯旋门。

描绘莱比锡战役的油画

亚历山大一世的高光时刻：法国马尔蒙元帅把巴黎城门的钥匙交给亚历山大一世

亚历山大一世率领反法同盟联军进入巴黎

亚历山大一世率领反法盟军通过巴黎凯旋门

亚历山大一世开拓了俄罗斯历史上最大的领土。拿破仑战争结束后，俄国一跃成为地跨欧亚非三洲的庞大国家，领有北至北冰洋、南至高加索山脉、东至阿拉斯加、西至法国巴黎的广大领土。在维也纳会议（1814年9月18日—1815年6月9日）上，亚历山大一世将欧洲各国的土地归还各国王室。

打败拿破仑一世之后，亚历山大一世成为"欧洲救世主"，获封"神圣王"尊号。此后，亚历山大一世没有进行任何欧洲战争。自1815年起，亚历山大一世长年住在维也纳。他把国内政事交由弟弟尼古拉大公等人处理，而他只是偶然回俄国处理一些事情。

1825年9月，亚历山大一世到气候适宜的亚速海小镇塔甘罗格疗养。12月1日，俄国皇宫突然宣布，亚历山大一世在疗养地逝世了。

> 　　修斯，亚历山大一世在位晚期丧失了对权力和荣誉的兴趣，曾多次谈及放弃皇位。他突然逝世后，有人说他根本没有死，而是借疗养之机遁入山林，过起了隐居生活。至今，亚历山大一世之死仍然是一桩悬案。
>
> 对俄罗斯历史越来越着迷的小姨
2020年9月21日

盛极而衰丨"欧洲宪兵"铩羽而归

亲爱的小修斯：

　　亚历山大一世和皇后曾经生下两个女儿，但她们全部不到两岁就夭折了。他突然逝世后，俄罗斯帝国的皇位应该由谁来继承呢？

　　我们今天就来了解一下亚历山大一世的继承者吧。

　　亚历山大一世逝世后，皇位应该由他的大弟弟康斯坦丁·巴甫洛维奇大公继承。但是，康斯坦丁·巴甫洛维奇大公早年已经向亚历山大一世表达放弃承继权的意愿，他还写了一封正式信件呈递给亚历山大一世。就这样，亚历山大一世的二弟弟尼古拉·巴甫洛维奇大公就成为俄罗斯帝国皇位继承者。亚历山大一世也在生前起草了密诏，指定尼古拉·巴甫洛维奇大公为皇位继承人。

　　不料，尼古拉·巴甫洛维奇大公因实力不如当时身在华沙的二哥而不敢立即继位。于是，就出现了两人互相推举对方为新一代沙皇的状况。他们哥俩就这样推来推去，俄罗斯帝国自1825年12月1日至25日这25天时间里实际上处于无人统治的空位状态。

　　1825年12月26日，康斯坦丁·巴甫洛维奇大公护送着亚历山大一世的棺椁抵达圣彼得堡，他和最小的弟弟米哈伊尔·巴甫洛维奇大公一起正式把尼古拉·巴甫洛维奇大公扶上皇位。接着，康斯坦丁·巴甫洛维奇大公公开宣读了他放弃承继权的信件。尼古拉·巴甫洛维奇大公当天正式加冕称帝，史称尼古拉一世。

上 ▌康斯坦丁·巴甫洛维奇大公半身肖像▌
中 ▌尼古拉·巴甫洛维奇大公半身肖像▌
下 ▌尼古拉一世半身肖像▌

在康斯坦丁·巴甫洛维奇大公和尼古拉·巴甫洛维奇大公互相推让皇位之际，一些贵族和部分高级军官策划了一场政变。他们选举近卫军团长谢尔盖·特鲁别茨科伊担任起义军总指挥，并拟定了《告俄国人民宣言》，宣布推翻沙皇政府，立即召开立宪会议，成立临时政府，同时宣布废除农奴制，解放全国农奴。12月26日早晨，他们按照计划开进圣彼得堡的元老院广场，排列好战斗方阵。但是，特鲁别茨科伊临阵脱逃，起义军和周围的老百姓处于群龙无首的状态。傍晚时分，刚刚继位的尼古拉一世下令向起义军开炮，用武力残酷镇压了这次起义。这就是俄罗斯历史上著名的"十二月党人起义"。

"十二月党人起义"吓坏了尼古拉一世。此后，他开始不遗余力地扼杀一切革命和变革的思想。他加强了对自由思想和革命运动的镇压，在国内设置了秘密警察机构，还在整个欧洲协助各国镇压革命运动，这让尼古拉一世获得了"欧洲宪兵"这个很有嘲讽意味的称号。

尼古拉一世通过第八次俄土战争进一步扩大了俄罗斯帝国对黑海和高加索地区的统治。1853年，俄罗斯以保护东正教徒为借口，发动第九次俄土战争。战争初期，俄罗斯对奥斯曼土耳其帝国取得压倒性胜利。1854年，法国和英国相继对俄罗斯宣战，俄罗斯军队接连失利。这就是克里木战争。

1855年3月，尼古拉一世猝死，他的长子亚历山大·尼古拉耶维奇继位为新沙皇，史称亚历山大二世。

描绘"十二月党人起义"的画作

修斯，尼古拉一世逝世时，克里木战争尚未正式结束前，他未能如愿将和平有序的帝国交给亚历山大二世。相反，亚历山大二世接手的是处于战争失利状态的俄罗斯。

感觉历史总是和人们开玩笑的小姨

2020年9月29日

废除农奴制 | "解放者"亚历山大二世

亲爱的修斯小朋友：

　　亚历山大二世继承的是处于克里木战争中的俄罗斯，那么他又带领这个国家走向了何方呢？我们今天就来了解一下吧。

　　亚历山大二世继位后，克里木战争仍在继续。1855年9月，僵持整整一年的塞瓦斯托波尔围城战以俄罗斯的失败而告终，作战各方的军事行动逐渐减少。1856年3月，俄罗斯和英、法、土等国签订《巴黎和约》，克里木战争结束。

描绘塞瓦斯托波尔围城战的油画

亚历山大二世从克里木战争的失败看到了俄罗斯的短板，他开始着手在国内进行改革。而他改革的重中之重就是废除农奴制。当时，全俄罗斯1/3以上的居民都是农奴，这大大限制了俄罗斯工商业的发展。1861年3月，亚历山大二世下诏发布《解放农奴宣言》（又称《二一九法令》），宣布解放庄园农奴和家用农奴，授予他们和自由公民同等的权利，包括迁徙、婚姻、改变职业、拥有财产、订立契约等；规定全部土地为地主所有，农民可以按照规定赎买一小块土地。亚历山大二世的这项改革影响巨大，甚至被誉为继法国大革命之后欧洲最伟大的社会运动。亚历山大二世因此获得了"解放者"的称号。

　　亚历山大二世没有止步于此。他创立了国家杜马制度，俄罗斯至今仍然在沿用这一制度。他设立了地方自治议会，修订了司法制度，充实了初等教育，改革了军制，以谋求俄国的近代化革命。

描绘亚历山大二世下诏发布《解放农奴宣言》的油画

描绘农奴正在聆听《解放农奴宣言》的油画

　　1858年至1860年，亚历山大二世利用中国清政府受困于第二次鸦片战争的时机，先后通过《中俄瑷珲条约》《中俄北京条约》割占了中国东北地区100多万平方千米的土地，并把远东总督府设在海参崴，更名为符拉迪沃斯托克，使中国完全丧失了在日本海的出海口。1864年，他又通过《中俄勘分西北界约记》割占了中国西北地区44万平方千米的土地。全部加起来，亚历山大二世在位期间从清廷手中割取了140多万平方千米的土地，是割占中国领土最多的俄国君主。

　　克里木战争结束后，亚历山大二世担心俄罗斯帝国在北美洲的殖民地阿拉斯加会被英国夺走，因此决定把阿拉斯加卖给美国。1867年，俄美达成协议，俄罗斯以720万美元的价格把阿拉斯加卖给了美国。但俄罗斯人哪里料到，美国人后来在阿拉斯加这片看似贫瘠的土地上发掘出大量的黄金、石油和其他资源。

　　亚历山大二世的改革措施极大地促进了俄罗斯社会飞速发展，极大地增强了国力。但他对俄国的革命运动采取无情镇压的手段，致使一些激进的地下组织认为，只有通过刺杀沙皇才能真正改变俄罗斯社会。亚历山大二世曾多次遭到暗杀袭击，但防卫措施得当，一直安然无恙。

美国购买阿拉斯加的原始支票

1881年3月1日，亚历山大二世准备签署法令，宣布改组国家委员会，启动俄罗斯君主立宪的政改进程，但这一天他再次遇刺。刺客投掷的第一枚炸弹炸伤了亚历山大二世的卫兵和车夫，亚历山大二世不顾左右劝阻，执意下车查看卫兵伤势，结果刺客投掷的第二枚炸弹在他脚下爆炸，亚历山大二世双腿被炸断，当日因医治无效逝世。

亚历山大二世遇刺，打断了他此前开启的改革进程。此后的亚历山大三世和尼古拉二世未能实行有效的改革措施，俄罗斯的各种隐患不断发展，导致了革命爆发，罗曼诺夫王朝最终被推翻。就这样，在亚历山大二世遇刺身亡36年后，俄罗斯帝国灭亡。

> 修斯，2005年6月7日，为了纪念亚历山大二世废除农奴制的巨大贡献，俄罗斯政府在莫斯科红场旁边竖立了亚历山大二世的纪念像。
>
> 　　　　　对古今中外的改革者的魄力折服的小姨
> 　　　　　2020年10月5日

罗曼诺夫王朝落幕 | 末代沙皇尼古拉二世

亲爱的修斯：

　　小姨在想："如果亚历山大二世没有遇刺身亡，那今天的俄罗斯会是怎样一番景象呢？"但历史不容假设，我们还是来了解一下罗曼诺夫王朝的最后两位皇帝吧。

亚历山大二世被刺杀后，他的儿子亚历山大·亚历山德罗维奇（1845—1894）登上了皇位，史称亚历山大三世。这位新沙皇认为，父皇死于对革命人士过于宽容，甚至达到了放纵的地步。因此，他坚信强权，支持独裁。

▌描绘亚历山大三世加冕式的画作▌

继位伊始，亚历山大三世就派出大量秘密警察，在全国范围内大力搜查革命人士，将他们处以极刑或者流放到人烟稀少的边疆地区。同时，他宣布对愿意忏悔的人实行大赦。

亚历山大三世的统治是在亚历山大二世开创的繁荣局面下开始的。他在位期间，国内和平稳定，是俄罗斯帝国后期最繁荣的时期。但是，亚历山大三世没能把亚历山大二世在经济、行政、司法等方面的改革推行到底。相反，他推行的逆向改革措施钳制了思想发展，严重阻碍了教育普及，影响了国民素质的普遍提高，加速了俄罗斯社会阶层对立。

亚历山大三世害怕被暗杀，他经常住在圣彼得堡郊外的加特契纳宫。1888年10月，亚历山大三世乘坐的御用列车脱轨。沙皇全家安然无恙，但亚历山大三世在帮助家属脱险时感染了风寒，加上事故造成的心理阴影，他此后逐渐不理朝政了。

1894年11月1日，亚历山大三世逝世，他的长子尼古拉·亚历山德罗维奇继位（1868—1918），史称尼古拉二世。同年11月，尼古拉二世在冬宫举行婚礼，由于服丧的关系，没有举行隆重的仪式。1896年5月26日，尼古拉二世在莫斯科举行加冕式。尼古拉二世加冕式举行的过程中发生了大型踩踏事件，这仿佛预示了他的悲惨命运。

19世纪末的加特契纳宫

描绘尼古拉二世加冕式的油画

描绘尼古拉二世加冕式举行过程中的踩踏事件的油画

在位前10年，尼古拉二世在对内政策方面完全遵循亚历山大三世设定的模式：继续实行君主专政，实行资本主义改革。但是，尼古拉二世的资本主义改革造成了俄国国内贫富差距拉大，大量农民破产，社会矛盾激化。面对这些问题，他从维护独裁统治的角度出发，继续对内改革，对外扩张。

1904年至1905年，对尼古拉二世来说是多事之秋。

在国内，1905年革命爆发，尼古拉二世被迫实行改革。

1905年1月22日，十多万工人聚集在圣彼得堡冬宫广场上，向沙皇和平请愿。他们向尼古拉二世呈递了一份关于改革社会和政治制度的请愿书，要求选举民意代表，减轻农民沉重的负担，实行宗教自由，等等。军警开枪血腥镇压，造成1000多人死亡。这一天被称为"流血的星期日"，又称"一月大屠杀"。俄国工人对沙皇进行改革的希望彻底幻灭，1905年革命由此爆发。为了稳定国内形势，尼古拉二世签署了《整顿国家秩序宣言》（又称《十月诏书》），宣布实行君主立宪制，赋予公民自由（包括宗教自由、言论自由、结社自由等），等等。

油画《流血的星期日》

在国外，日俄战争爆发，俄罗斯惨败。

1904年2月8日，日本海军未经宣战突然袭击俄罗斯驻扎在中国旅顺口的舰队，日俄战争爆发。1905年9月，在美国的调停下，日俄战争结束。日俄战争不仅是作战双方对中国神圣领土主权的粗暴践踏，也使中国东北人民在战争中蒙受了空前的浩劫。这场战争对俄国造成沉重打击，俄国海军3大主力舰队中的太平洋舰队和波罗的海舰队全军覆没。

1914年，第一次世界大战爆发，尼古拉二世签署战争动员令，俄罗斯军队随即开赴东线战场，向德国军队开战。其间，尼古拉二世把圣彼得堡改名为彼得格勒，以示他本人与德意志并无瓜葛（圣彼得堡的"堡"源自德语发音）。但是，俄军在前线损失惨重，国内通货膨胀严重，民不聊生。这加剧了俄罗斯人民对沙皇政府的不满。

1917年3月8日（俄历2月23日），在布尔什维克党（后来改称俄国共产党）领导下，彼得格勒的工厂举行联合大罢工，拉开了二月革命的序幕。不久，在以列宁（原名弗拉基米尔·伊里奇·乌里扬诺夫）为首的布尔什维克党领导下，联合大罢工演变为武装起义。尼古拉二世被迫逊位，统治俄国长达304年的罗曼诺夫王朝终结了。

修斯，小姨觉得从米哈伊尔一世被推举为俄罗斯沙皇到尼古拉二世被迫逊位，正好印证了中国的那句古话："君，舟也；人（民），水也。水能载舟，亦能覆舟。"难道不是吗？

对历史书籍兴趣不减的小姨

2020年10月10日

国家转型时期丨苏联时期和现代俄罗斯

亲爱的修斯：

　　世界这么大，小姨为什么选择去俄罗斯留学呢？因为我当年对意向国家做了排除法：想冲出亚洲，但不想去遥远的美洲，那就在欧洲国家中做选择吧。一句"苏联是咱老大哥啊！"勾起了小姨去俄罗斯看一看的兴趣。

　　二月革命后，俄国出现了两个政权并立的局面：一个是资产阶级建立的临时政府，一个是工人阶级创立的苏维埃政权。1917年5月1日（俄历4月18日），临时政府宣布将继续参加第一次世界大战，直到战争结束。在此之前，布尔什维克主席列宁已于4月中旬从瑞士返回莫斯科，并在全俄苏维埃代表大会上发表了著名的《四月提纲》，提出把俄国革命转变为社会主义革命，争取用和平的方式取得政权。

▌描绘列宁发表《四月提纲》场景的油画▐

根据《四月提纲》的指示，布尔什维克党在群众中展开了组织和教育工作，领导彼得格勒的工人和士兵举行了四月示威、六月示威和七月示威。其间，临时政府一方面在第一次世界大战中接连失利，另一方面对彼得格勒的工人和士兵的示威活动公开使用暴力，布尔什维克党提出了准备武装起义的方针。到了10月，彼得格勒和莫斯科的革命形势完全成熟，布尔什维克党在全国各地着手准备武装起义。

1917年11月7日（俄历10月25日），彼得格勒的工人和士兵在列宁为首的布尔什维克党领导下发动武装起义。他们以停泊在涅瓦河上的"阿芙乐尔号"巡洋舰的炮声为信号，向冬宫发起进攻，临时政府被推翻。彼得格勒武装起义的胜利，奠定了苏维埃政权胜利前进的基础。1917年11月至1918年3月，武装革命扩展到俄国各地。因为这次革命是在俄历10月爆发的，所以叫作十月革命。

十月革命的伟大胜利是人类历史上的一次伟大事件，使社会主义实现了从理论到实践的伟大飞跃，改变了世界政治格局，为世界各地的劳动人民群众求得完全解放指引了前进的方向。十月革命一声炮响，给中国送来了马克思主义。此后，中国共产党以马克思主义为指导，领导广大人民群众进行了艰苦卓绝的斗争，建立了中华人民共和国，并在社会主义建设和改革开放的伟大进程中形成了中国特色社会主义。

描绘十月革命的画作《布尔什维克》（库斯托季耶夫绘于 1920 年）

1917年11月8日，第二次全俄苏维埃代表大会通过了《和平法令》和《土地法令》，组建了以列宁为主席的第一届苏维埃政府，世界上第一个社会主义国家——俄罗斯苏维埃联邦社会主义共和国（简称苏俄）宣告诞生。十月革命后，俄罗斯境内各民族纷纷建立自己的独立国家或自治共和国，如乌克兰、白俄罗斯、亚美尼亚等。

　　苏维埃政府没有来得及享受革命成功的喜悦，内战就在全国范围内爆发了。1918年3月，英、法、日、美等国为扼杀新生的苏维埃政权，扶植俄国反革命势力发动武装叛乱。内战期间，为抗击共同的敌人，苏俄、乌克兰、白俄罗斯、阿塞拜疆、亚美尼亚、格鲁吉亚建立了军事政治同盟。1922年年底，内战结束，苏俄、南高加索联邦、乌克兰、白俄罗斯组成苏维埃社会主义共和国联盟（简称苏联）。后来，苏联的成员国增加到15个加盟共和国。

苏联国徽（1923年至1936年版）

　　苏联奉行计划经济政策。为了改变落后的农业国面貌，从1928年开始，苏联开始实行五年计划。到1937年第二个五年计划完成时，苏联的工业总产值已经超过法、英、德等国，跃居欧洲第一位、世界第二位。

　　面对德国、日本、意大利等国的扩军备战和日益紧张的国际形势，苏联于1938

年开始实施第三个五年计划，把重点放在发展国防军事工业，同时建设军民两用产业，为未来的战争预做准备。1939年，第二次世界大战在欧洲全面爆发，苏联继续加大投资并修改了原定计划的进度。1941年6月22日，希特勒统治下的德国突然兵分三路以闪电战的方式对苏联发动袭击，第二次世界大战中的苏德战争（俄罗斯称作苏联卫国战争）爆发。苏联中断第三个五年计划，加入了世界反法西斯国家的阵营。

苏德战争初期，面对有备而来的德军，苏军猝不及防，损失惨重。直至1942年6月，苏军在斯大林格勒战役中击退德军，苏德战争进入胶着状态。苏军凭借顽强的战斗精神和坚韧不拔的毅力，以及不断增强的人力和物力，逐渐夺取了战争的主动权。1943年8月，苏军在库尔斯克会战中挫败德军，进入战略反攻阶段。此后，苏军发动战略攻势，收复失去的国土，进而从法西斯统治下解放了东欧各国。

1945年4月30日，苏军攻占德国首都柏林。5月9日，纳粹德国政府在柏林签署了无条件投降书，投降书即时生效，苏德战争就此结束，也标志着第二次世界大战在欧洲战场的结束。

在苏德战争中，苏联用巨大的牺牲彻底打败并摧毁了强大的纳粹德国，为世界反法西斯战争胜利做出了不可磨灭的贡献。

第二次世界大战后，苏联一跃成为唯一能和美国抗衡的超级大国。1945年10月24日，联合国成立，苏联成为联合国的创始国和联合国安全理事会（简称联合国安理会）五大常任理事国之一。

1946年，苏联开始实施第四个五年计划，继续社会主义建设的历史进程。1947年，以美国为首的北大西洋公约组织向以苏联为首的华沙组织发动了冷战。自此，苏美双方在政治、经济、军事、科技、太空、外交等领域展开了非武力形式的竞争。

冷战期间，苏联成为发射第一颗人造地球卫星的国家，也是发射航天器最多的国家。世界上第一艘宇宙飞船"东方一号"载着世界上第一个太空人尤里·加加林完成了围绕地球的飞行并顺利返回地球。此外，苏联在工业、科技、军事、文化、艺术、教育等方面也取得了举世瞩目的成就。

▎尤里·加加林半身照片▎

　　在长期的冷战中，苏联片面发展重工业和军事工业，忽视了轻工业和民用工业的发展，国民经济比例严重失调。苏联共产党在长期执政过程中也出现了诸多问题。在国内外各种复杂因素的作用下，1991年12月26日，苏联正式解体，分裂为15个国家，而俄罗斯联邦成为苏联的唯一继承国。

　　苏联解体后，苏俄决定将国名改为俄罗斯联邦，简称俄罗斯或俄联邦。苏联驻海外机构（如使领馆等），均由俄罗斯继承。同时，俄罗斯继承了苏联的大部分军事力量。如今，俄罗斯在高等教育、艺术、航空航天技术等方面位居世界前列，是具有较大影响力的强国。俄罗斯是联合国安理会五大常任理事国之一，对它的议案拥有一票否决权。除此以外，俄罗斯还是金砖国家之一。

　　　　修斯，等你到了俄罗斯，小姨要带你去参观各种各样的博物馆。到那时，你会更了解这个国家是怎样走到今天的。
　　　　　　　　　　　　　　　　期待你来圣彼得堡相会的小姨
　　　　　　　　　　　　　　　　2020 年 10 月 16 日

历史照见未来 | 中俄友好不断深化

亲爱的修斯:

　　近年来，中国和俄罗斯互办"国家年""语言年""旅游年"等活动，密切了中俄之间的人文交流，特别是两国青年的交流。作为中俄友好见证者，我遇到过很多难忘事情，今天我通过留学期间最难忘的一件事情来谈谈我对中俄关系的看法吧。

　　1949年10月1日，中华人民共和国成立。第二天，苏联就和中国建立了外交关系，成为世界上第一个与新中国建交的国家。1950年2月14日，中苏两国签订了《中苏友好同盟互助条约》，建立了友好同盟关系，开始在政治、经济、科技、文化等方面进行友好合作。但1960年以后，中苏关系恶化。经历了将近30年的紧张对峙后，中苏关系于1989年开始正常化。

　　苏联解体后，中俄两国于1991年12月28日在莫斯科签署了《会谈纪要》，确认俄罗斯继承苏联和中国的外交关系。1992年12月18日，中国和俄罗斯在北京签署《关于中俄相互关系基础的联合声明》，将中俄关系提升为"睦邻友好、互利合作"的层次。1994年，中俄两国领导人再次签署联合声明，把中俄关系升级为"建设性伙伴关系"。1996年4月，中俄领导人第三次签署联合声明，宣布中俄之间建立"平等信任、面向21世纪的战略协作伙伴关系"。2000年，中俄两国签订团体旅游互免签证协议，两国公民可以以跟团旅游的方式免签证入境对方国家。

　　2001年7月中旬，中俄签订有效期为20年的《中俄睦邻友好合作条约》，确定了中俄两国合作的原则。2013年上半年，中共中央总书记、中国国家主席习近平在莫斯科发表演说，形容中俄关系是"世界上最重要的一组双边关系"和"最好的一组大国关系"。2019年6月5日，习近平主席访问俄罗斯，中俄领导人决定将中俄关系提升为"新时代全面战略协作伙伴关系"。进入2020年，面对世界百年未有之大变局，中国和俄罗斯互为最主要、最重要的战略伙伴。

修斯，你知道的，小姨已在俄罗斯学习、工作、生活很多年，希望能为中俄两国人民增进互相了解做出积极贡献。同样，世界上还有许许多多像小姨一样的人在为两国友好默默地做贡献，目的就是增进两国的友好关系，增进两国人民之间的友谊。

每次说起自己的职业都觉得非常自豪的小姨

2020 年 10 月 20 日

语言课┃修斯的俄语时间 II

亲爱的修斯：

又到了学习俄语的时间了。先前我们学习了俄语字母，今天我们来认识一下俄罗斯数字吧。

说起俄语数字的写法和用法，那简直是所有初学者的噩梦，因为俄语单词需要变格和变位。我们今天就先简单来学一下从1到10用俄语是怎么说的吧。

┃阿拉伯数字和俄语数字对照表┃

阿拉伯数字	俄语数字
1	один
2	два
3	три
4	четыре
5	пять
6	шесть
7	семь
8	восемь
9	девять
10	десять

修斯，学会了从1到10这10个俄语数字，并不等于就可以运用它们了。这是因为：俄语数字又分为阳性、中性和阴性三种词性，同时又有多种不同的变格，不是一时半会儿可以掌握的。

喜欢不断挑战自我的小姨

2020 年 10 月 26 日

俄罗斯的主要城市 I
莫斯科、圣彼得堡等

历史悠久的国家中心丨"五海之港"莫斯科

热爱旅游的修斯小朋友：

　　说实话，小姨已经很多次到过莫斯科，但至今依然没有游遍莫斯科中心区的名胜古迹。何况，莫斯科周边还有不少历史悠久的文化古镇呢。今天，小姨就来和你分享一下我所知道的莫斯科吧。

前面已经讲过，莫斯科始建于1147年，当时只是一座边陲小镇。1156年，尤里·多尔戈鲁基把莫斯科建成一座防御性要塞。1263年，莫斯科成为莫斯科王公丹尼尔·亚历山德罗维奇的领地。1283年，莫斯科大公国建立，莫斯科也成为莫斯科大公国的首府。1547年，伊凡四世自立为沙皇，而莫斯科从此成为俄罗斯沙皇国的首都。

1713年，彼得一世把首都从莫斯科迁到圣彼得堡。

但是，从叶卡捷琳娜二世开始，俄罗斯帝国所有君主的加冕式都是在莫斯科举行的。莫斯科也一直是俄罗斯最大的经济中心、政治中心和文化中心，发挥着第二首都的作用。

1812年莫斯科大火几乎摧毁了整座城市，但亚历山大一世打败拿破仑之后，这座城市很快重建起来。尼古拉二世在位期间修通了莫斯科至圣彼得堡的铁路。

20世纪初，苏维埃政府和共产党中央委员会将首都从彼得格勒迁至莫斯科，把莫斯科正式定为苏联首都。后来，苏维埃政府决定吸纳莫斯科周边的城镇，将它们纳入城市范围，组成大莫斯科都会区。

苏联解体后，莫斯科成为俄罗斯联邦的首都。

描绘 17 世纪末的莫斯科中心城区的油画

莫斯科市区全景图（局部）

如今，莫斯科不仅是俄罗斯联邦的首都，还是环绕它的莫斯科州的首府，更是俄罗斯的政治中心、经济中心、科学中心、文化中心和交通中心。

莫斯科的城市规划非常优美，绿化程度极高，拥有"森林中的首都"的美誉。此外，莫斯科是一座地处俄罗斯欧洲部分中部的内陆城市，但是它有着"五海之港"的称号。这是为什么呢？

这是因为：莫斯科河自西北蜿蜒穿过莫斯科市中心，汇入伏尔加河的支流奥卡河。莫斯科这座城市正是因莫斯科河而得名的，而莫斯科河的名字来源有三种解释，分别是低湿地、牛渡口和密林。"五海之港"是指连通五大海域——波罗的海、白海、黑海、亚速海和里海的港口。前面已经讲过，伏尔加河发源于莫斯科西北的瓦尔代湖，自北向南注入里海。20世纪30年代，苏联通过修建运河把伏尔加河与波罗的海、白海、黑海、亚速海和里海连接起来。同时，苏联通过修建莫斯科运河把莫斯科河和伏尔加河连接起来，使莫斯科和五海相连，成为名副其实的"五海之港"。

目前，莫斯科城有三座河港，俄罗斯南北五大水域的各种货物都可以通过伏尔加河和莫斯科河直达莫斯科。

修斯，莫斯科城呈环形放射结构，以红场和克里姆林宫建筑群为中心向四周扩散，近4000条街道把整座城市连接起来。接下来，我们就从红场开始了解莫斯科这座城市吧。

流连忘返于莫斯科中心区的小姨

2020年11月2日

莫斯科的心脏地带丨历史悠久的红场

亲爱的修斯：

　　小姨今天要写的主角是莫斯科红场，它在俄罗斯的地位相当于北京天安门广场在中国的地位。接下来，我们就来了解一下莫斯科红场和它周边的其他建筑吧。

　　红场是莫斯科最古老的广场，也是俄罗斯重大历史事件的见证场所。看到"红场"这个名字，你可能觉得它是一座红色的广场。没错，它现在确实是由赭红色条石铺设而成的。但是，它的名字最初和红色没有任何关系。红场的前身是伊凡三世在莫斯科城东边开辟的集市，名为"托尔格"。直到1662年，这里才正式改称"红场"，意思是"美丽的广场"。后来，俄语"美丽"才逐渐有了"红色"的意思。随着莫斯科城不断外扩，红场也逐渐成为莫斯科的中心地带。20世纪20年代，红场达到了现在的规模：南北长约700米，东西宽约130米，呈不规则的长方形分布。

　　如今，红场是俄罗斯重要节日举行群众集会、大型庆典和阅兵活动的场所，也是闻名世界的旅游景点，更是莫斯科人的骄傲。

　　红场四周坐落着许多美轮美奂的历史建筑，彰显着这个国家人民的智慧。红场东面是俄罗斯国立百货商场，南面是俄罗斯最具代表性的教堂——圣瓦西里大教堂，西面是列宁墓和克里姆林宫建筑群，北面是俄罗斯国家历史博物馆。

　　俄罗斯国立百货商场的俄语缩写是"ГУМ"，我们中国人又把它音译为"古姆"，常常把这座商场称作"古姆百货"。俄罗斯国立百货商场是列宁下令建造的一座俄式风格建筑，玻璃穹顶，三层商场内由三条长廊衔接，宛如一座宫殿。

137

画家笔下 17 世纪末的莫斯科红场

现在的莫斯科红场一角

俄罗斯国立百货商场局部图

圣瓦西里大教堂

圣瓦西里大教堂是俄罗斯的代表象征之一，曾入选俄罗斯七大奇迹。1990年，联合国教科文组织把圣瓦西里大教堂列入《世界遗产名录》。

圣瓦西里大教堂由9座色彩鲜艳的小教堂组成。巍峨耸立的中央教堂的棱柱体塔身下层是一圈高高的长圆形的窗子，上层刻有神龛，塔身上面是富有俄罗斯民族风格的帐篷顶，顶端是金光熠熠的鼓形圆顶，圆顶上是东正教十字架。中央教堂的东南西北4个方位环绕着4座和它结构相似但稍小一些的教堂，而这4座教堂的斜对角线上又分布着4座比它们稍小的类似教堂。中心教堂四周的8座小教堂的正门均朝向中心教堂的回廊，教堂外面全部有走廊和楼梯环绕。这样一来，无论从哪个小教堂进入，人们都可以很方便地到达这座教堂的中心。

圣瓦西里大教堂始建于1652年，伊凡雷帝在战胜喀山汗国之后下令修建了这座东正教大教堂。据说，在远征喀山汗国的过程中，莫斯科大公国的军队得到了8位圣人的帮助，才攻陷固若金汤的喀山城池。俄罗斯建筑师伊万·巴尔马和博斯特尼克·雅科夫列夫主持修建了这座教堂，他们富有创造性地把9座小教堂巧妙地组合在一起，中央教堂象征上帝的至高地位，周围的8座小教堂分别代表8位圣人。

19世纪初描绘圣瓦西里大教堂和红场的油画

从每一个角度来看，圣瓦西里大教堂都堪称完美。它是俄罗斯最负盛名的教堂，它的9个"洋葱头"圆顶的花纹凹凸不同，颜色各异，以金色和绿色为主，杂以黄色和红色，仿佛一簇升腾跳跃的火焰。每一位见过它的游人都留下了极为深刻的印象。可以说，瓦西里大教堂是这个世界上色彩斑斓、造型别致的教堂，是俄罗斯最有人气、最上镜的形象（建筑）代言者，很多人形象地把它称为"棒棒糖教堂""童话城堡教堂""洋葱头教堂"。

圣瓦西里大教堂内部分为上下两层，墙壁和穹顶几乎绘满了16世纪至17世纪的壁画。教堂内部常年展出16世纪莫斯科大公国军队攻克喀山汗国时使用的武器装备，战争景况模型的旁边展示着一份"攻占计划"，详细记录着当时的莫斯科大公国军队的阵容和行动地点。

历史上，圣瓦西里大教堂不经常被使用。现在，它是俄罗斯国家历史博物馆的分馆，同时作为一栋精美绝伦的历史建筑，每年接待大量从世界各地慕名而来的游客。

圣瓦西里大教堂内部

红场西边是克里姆林宫建筑群，即我们常说的克里姆林宫。在详述克里姆林宫之前，我们先讲一下位于它和红场之间的列宁墓。

列宁是著名的马克思主义者、无产阶级革命家、政治家、理论家、思想家，也是布尔什维克党的创始人、十月革命的主要领导人、苏俄和苏联的主要缔造者，曾任苏联人民委员会主席。1924年，列宁逝世，建筑师阿列克谢·舒谢夫匆忙赶造了一座木质陵墓，用来安放保存列宁遗体的水晶棺。此后，经过数次改建，列宁墓最终成为现在的的结构：陵墓体积为5800立方米，内部容积为2400立方米。墓前的碑石刻有俄语写成的"列宁"字样，陵墓一半在地下，一半露出地面，采用钢筋混凝土的框架结构，由黑红两色大理石和花岗石建成。

列宁墓正面图

从外观上看，列宁墓由3个呈阶梯状立方体组成：从底部基座到台阶逐渐收小，而后通往检阅台的平座，两侧是灰色的大理石观礼台；再往上是5级不同高度的台阶，上面是由36根石柱构成的柱廊；顶部是两级阶梯状检阅台，领导人就是在这里检阅受阅部队和游行队伍的。

沿着黑色大理石台阶逐级而下，转弯就进入列宁墓中心——悼念大厅。大厅四周环镶着红砖，墙壁上有用花岗石雕刻的苏联国徽和国旗，列宁的遗体安详地仰卧在铺有红色党旗和国旗的水晶棺里，他身穿黄色上衣，胸前佩戴着一枚红旗勋章。

要想进入悼念大厅瞻仰列宁遗体，人们必须从红场西边进入，并且必须在入口处接受安全检查。背包、手提包、照相机、摄像机等一概不准携带入内，以使进入者没有任何旅游观光的意味，只有瞻仰膜拜的心灵体验。

按照规定，人们瞻仰完列宁遗体不能直接离开红场，必须绕过观礼台至列宁墓的后面，继续瞻仰"名人墓"——列宁墓和克里姆林宫宫墙之间有12座墓碑，整齐地排成一排，里面安葬的都是苏联时期功勋赫赫的人物。

1994年，列宁墓被联合国教科文组织确认为世界历史文化遗产。

▎描绘人们瞻仰列宁墓的画作▎

红场北边与圣瓦西里大教堂遥相呼应的，就是俄罗斯国家历史博物馆主馆。

这座白顶红墙的古老建筑位于红场东北，是一座非常典型的新俄罗斯风格建筑：在巴洛克风格的基础上，加入很多对称性设计，比如主体建筑两侧高耸的对称塔楼、装饰性尖塔、三角檐、圆拱形窗户等。

俄罗斯国家历史博物馆兴建于19世纪，自1883年正式开馆以来，从未因任何事情关闭过，即使在第二次世界大战中莫斯科被德军包围期间也照常开馆。它不仅是俄罗斯历史的真实写照，也是全俄罗斯最大的科学教育机构之一，出版介绍和博物馆珍藏品相关的论文与书籍，努力地保存与宣扬俄罗斯文化。

这座博物馆里有48个展览厅，按年代顺序（截至1996年）收藏与排列展示品，收藏着420多万件文物和6800万页文献资料。其中，馆内所藏文物不仅有超过50万年的旧石器时代物品，还有反映现代俄罗斯历史变迁的重要展览物。可以说，这座博物馆是收藏整个俄罗斯文化与艺术品瑰宝的宝藏库。

　　修斯，除了前面介绍的列宁墓之外，红场西边最重要的建筑是莫斯科克里姆林宫。小姨在下一封信中会着重向你介绍这座宏伟建筑群。

　　　　　　　　　　　　　　　在红场上流连忘返的小姨

　　　　　　　　　　　　　　　2020 年 11 月 9 日

宫墙里面的历史印记丨克里姆林宫建筑群

亲爱的修斯：

前面讲过，莫斯科城的创建者多尔戈鲁基修建了木质结构的克里姆林宫，莫斯科就是在这座城堡的基础上发展起来的。

今天，我们就来了解一下享有"世界第八奇景"的克里姆林宫建筑群吧。

莫斯科克里姆林宫是俄罗斯国家的象征，是世界上最大的建筑群之一，是历史古迹、文化象征和艺术古迹的宝库，是俄罗斯联邦政府行政总部所在地，同时也是俄罗斯总统府所在地。它南面俯瞰莫斯科河，东临圣瓦西里大教堂与红场，西接亚历山大花园与无名烈士墓。

俄罗斯有句谚语这样形容雄伟庄严的克里姆林宫："莫斯科大地上，唯见克里姆林宫高耸；克里姆林宫上，唯见遥遥苍穹。"克里姆林宫是俄罗斯世俗和宗教的文化遗产，它既是政治中心，又是 14 世纪至 17 世纪俄罗斯东正教的活动中心。这里过去是统治俄罗斯帝国的多代君王的皇宫，十月革命后是苏联最高权力机关和政府的所在地，今天又是俄罗斯的总统府所在地。可以说，从 13 世纪起，克里姆林宫就与俄罗斯的所有重大政治事件有关，它见证了俄罗斯从莫斯科大公国发展至今日横跨欧亚大陆的强大国家的全部历史。

克里姆林宫最初是俄罗斯和其他国家的建筑家于 14 世纪至 17 世纪共同修建的。18 世纪至 19 世纪，克里姆林宫实施大规模重建，雄伟的宫殿和行政大楼代替了中世纪建筑。

【克里姆林宫全景图】

【19世纪的克里姆林宫（局部）】

修斯的秘密笔记

第二次世界大战期间，为了防止德国空军轰炸克里姆林宫，苏联人民做了一件瞒天过海的大事：他们把占地28公顷的克里姆林宫全部涂上伪装色，用布蒙住里面的建筑，即使教堂顶端熠熠生辉的金色圆顶也被睿智的苏联人民掩盖起来。

1990年，联合国教科文组织把莫斯科克里姆林宫和红场作为文化遗产列入《世界遗产名录》。

人们如今看到的克里姆林宫大致呈三角形，宫墙全长2235米，高5米至19米，厚3.5米至6.5米，共有4座城门和19座高耸的楼塔，里面共有4座宫殿和4座大教堂，中间分布着广场、街巷、花园等，是俄罗斯克里姆林式建筑的代表之作。

斯巴斯克塔楼是克里姆林宫最受人青睐的塔楼，也是俄罗斯最著名的钟楼。它的四面均装有6米高的自鸣钟。这些自鸣钟安装于1851年，每15分钟报时一次，现在与俄罗斯天文台的校时钟相连，据说是俄罗斯最准的钟，"克里姆林宫的钟声"就源自这里。

斯巴斯克塔楼（左）和列宁墓

斯巴斯克塔楼顶端原来装饰着象征罗曼诺夫皇室的金色双头鹰标志。1935年10月24日，为了纪念十月革命的胜利，苏联政府用红色五角星代替了金色双头鹰标志，这是克里姆林宫宫墙上的第一颗红色五角星。不久，克里姆林宫宫墙中的博罗维茨克塔楼、尼科尔斯克塔楼和特罗伊茨克塔楼顶端的金色双头鹰标志也被替换为同样大小的红色五角星。

这些红色五角星是苏联著名布景画家费德罗夫斯基设计的，它们最初是用黄铜制成的。1937年，为了保护红色五角星免遭雨雪腐蚀，苏联政府用昂贵的红宝石制成红色五角星，代替了原来的红色五角星，红色五角星两面的中心位置都装饰着镰刀和斧头的标志。在替换的过程中，工匠们还在红色五角星底部加装了轴承，让它们在遭遇强风的时候不但不会折损，还能随风旋转，为人们提供了多方位的观赏角度。此外，红色五角星内部还安装了照明设备。如此一来，无论在阴雨天，还是在夜晚，人们都能清楚地观赏红色五角星。

如今，塔楼下的宫门是俄罗斯总统、联邦政府要员和贵宾出入的主要通道，平时常处于紧闭状态。

斯巴斯克塔楼顶端的红色五角星

宏伟的大克里姆林宫是克里姆林宫建筑群的主要建筑，也是克里姆林宫最豪华的建筑。这是一座拥有淡黄色墙体和绿色屋顶的美丽建筑。目前，这里是俄罗斯总统的办公楼，也是俄罗斯政府举行各种宴会、发布会的地方，还是俄罗斯政府首脑会见外国领导人的地方。

　　我们现在看到的大克里姆林宫修建于1838年至1849年，原来的大克里姆林宫在1812年莫斯科大火中被烧毁。大克里姆林宫全部由俄罗斯工匠采用本国建筑材料建成。从外表看，大克里姆林宫是三层建筑，实际上它内部只有两层，其中第一层向前突出，构成一个露天阳台。大克里姆林宫的正面中部上方是四方形的观礼台，它是这座宫殿的突起部分，上面有盾形装饰，刻有双头鹰浮雕。苏联时期，双头鹰浮雕曾被换成苏联国徽。双头鹰浮雕上方是莫斯科、圣彼得堡、喀山、阿斯特拉罕的市徽等。观礼台上面是四方形屋顶，上面有四个圆形壁龛，其中两个里面是表盘，而另外两个里面是报时钟。宫的正中是饰有各种花纹图案的阁楼，上有高出主建筑物的紫铜圆顶。节假日期间，圆顶的旗杆上会升起白蓝红三色的俄罗斯国旗。

▌大克里姆林宫外部▐

大克里姆林宫内部结构复杂，空间宏大，装饰极尽奢华，具有非同寻常的气势，装饰风格也兼具多种建筑风格。这座宫殿内部有五间正厅，分别是圣乔治厅、圣安德烈厅、亚历山大厅、弗拉基米尔厅和叶卡捷琳娜厅。其中，白色和金色相间的圣乔治厅是"俄罗斯战无不胜的军人品格的荣誉殿堂"，圣安德烈厅是俄罗斯总统举行就职典礼的地方。

　　实际上，广义的大克里姆林宫还包括多棱宫和特雷姆宫。多棱宫与大克里姆林宫紧紧相连。这栋建筑得名于它的文艺复兴式白色外立面——东面镶满了四面体的白石。多棱宫内部大厅中央有一根大支撑柱，大厅面积达500平方米，厅内的墙壁和穹顶上尽是栩栩如生的壁画。而特雷姆宫是俄罗斯总统的官邸。

▌大克里姆林宫的安德烈厅▐

关于莫斯科克里姆林宫及周边

莫斯科克里姆林宫是俄罗斯国家的象征。这里过去是统治俄罗斯帝国的多代君王的皇宫，十月革命后是苏联最高权力机关和政府的所在地，今天又是俄罗斯的总统官邸。可以说，自 13 世纪起，克里姆林宫就与俄罗斯的所有重大政治事件有关，它见证了俄罗斯从势力弱小的莫斯科大公国，发展为今日横跨欧亚大陆的强大国家的全部历史。

1　红场

2　列宁墓

3　俄罗斯历史博物馆

4　国立百货商场

5　圣瓦西里大教堂

6　特雷姆宫（俄罗斯总统官邸）

7　国家克里姆林宫（俄罗斯联邦会议办公地）

8　牧首宫和十二使徒教堂

9　伊凡大帝钟楼

10　圣母升天大教堂

11　多棱宫

12　大克里姆林宫

13　圣母领报大教堂

14　天使长大教堂

特里姆宫（俄罗斯总统官邸）

　　多棱宫和特雷姆宫的东边是圣母领报大教堂（又名天使报喜大教堂）。这座教堂最初是伊凡大帝召集莫斯科和普什科夫的能工巧匠为他修建的私人教堂，当时是一座木质教堂。1547年，圣母领报大教堂在莫斯科大火中被烧毁。后来，伊凡雷帝下令重建了这座教堂，并把它建成了一座石质教堂。最初，它只有三个"洋葱头"圆顶和一座环绕三侧的开放式画廊。伊凡雷帝重建这座教堂时，又增加了6个"洋葱头"圆顶，还把全部9个圆顶镀成耀眼夺目的金色，原先的开放式围廊也被改为封闭式，人们把它叫作伊凡雷帝的门廊。

　　圣母领报大教堂内部有很多有名的壁画和圣像图。我们现在看到的壁画是1947年修复的。在这座教堂的穹顶，我们可以看到向下俯视的基督画像。

　　圣母报领教堂的旁边是天使长大教堂。天使长大教堂是意大利建筑师维诺于1505年至1508年主持修建，目的是祭祀军队的守护者天使长米迦勒。这座教堂既有俄罗斯传统的五穹顶教堂建筑的风格，也兼具文艺复兴时期威尼斯建筑的特点。教堂中央最大的穹顶也被镀上耀眼夺目的金色，和圣母报领教堂的9个金色圆顶相呼应，很大程度上体现了沙皇时期俄罗斯皇室的奢华程度。

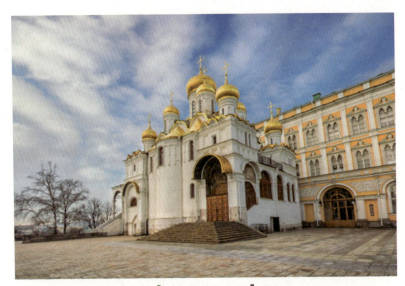

圣母领报大教堂

圣母领报大教堂穹顶的壁画

天使长大教堂

　　16世纪至17世纪末，天使长大教堂一直是莫斯科大公和俄罗斯沙皇举行加冕式、婚礼和葬礼的场所。如今，这座教堂属于莫斯科克里姆林宫博物馆的一部分。

　　再往东来，我们就到了位于克里姆林宫建筑中央位置的圣母升天大教堂。在周围宫殿和教堂的衬托下，圣母升天大教堂显得格外庄重严谨，金色圆顶、白色大石的外观格外引人注目。圣母升天大教堂是意大利建筑师亚里士多德·菲奥拉万蒂于1479年建成的。当时，俄罗斯人非常敬仰东正教圣母，莫斯科大公伊凡三世为了纪念在俄罗斯有着特别重要的地位的圣母升天节而下令修建了这座教堂。在古代俄罗斯政治生活中，圣母升天大教堂曾起过十分重要的作用，它是俄罗斯各地王公向莫斯科大公宣誓效忠的地方。伊凡雷帝自立为沙皇之后，这座教堂成为沙皇加冕的地方，里面至今依然保存着装饰着精美木雕的伊凡四世御座。教堂内的巨型吊灯，据说是为了庆祝俄罗斯夺回被拿破仑军队掠夺走的300公斤黄金和5吨白银而打造的。

圣母升天大教堂内部的墙壁上保存着莫斯科克里姆林宫最古老的壁画——1481年由著名艺术家狄奥尼修斯绘制的作品，大型圣像装饰壁画是1642年至1643年创作的，据说这里的圣像图有1000个左右。这座教堂的外部墙壁上装饰着一些拱形檐顶，顶端则是5个金光闪闪的"洋葱头"圆顶。

圣母升天大教堂内部长达4米的著名壁画

圣母升天大教堂的东南是伊凡大帝钟楼。听这名字，我们就可以知道他最初也是伊凡大帝下令建造的。建成伊始，伊凡大帝钟楼的高度是61米，是莫斯科当时的最高建筑。1600年，伊凡大帝钟楼由原来的3层增至5层，并被冠以金光熠熠的"洋葱头"圆顶，高度亦增至81米。

伊凡大帝钟楼旁边就是著名的沙皇钟，这是世界上最大的钟，人称钟王。它是俄罗斯铸造艺术的杰作，也是克里姆林宫中的一件无价之宝。这座用铜锡合金浇铸而成的大钟高6.14米，钟口最大直径为7米，钟壁最厚部分为0.67米，整个大钟重达220多吨。钟王铸造于18世纪上半期，历时两年营造完工。当时，人们准备把它放在伊凡大帝钟楼上，每天为沙皇奏鸣报时。不料，大钟刚浇铸完成，一场大火就把造钟工场化为灰烬，人们扑灭大火时曾将水泼在尚未冷却的炽热钟身上，结果一块重11吨的大碎片脱落下来。1836年，在废墟中埋了99年之后，沙皇尼古拉一世下令把它挖出来，放到了现在的位置。

伊凡大帝钟楼

沙皇钟

沙皇炮

伊凡大帝钟楼另一边放置着巨大的沙皇炮。这是俄罗斯铸炮工匠于1586年铸造的一门铜制滑膛火炮,不仅体积庞大,炮身上还雕刻有沙皇费奥多尔·伊凡诺维奇的肖像。沙皇钟和沙皇炮这两个庞然大物虽然从未使用过,但它们展现了俄罗斯工匠高超的铸造技术。如今,它们都是克里姆林宫内深受各国游客喜爱的著名地标,人们争相与它们合影留念。

除了上面讲到的那些建筑,克里姆林宫里面还有国家克里姆林宫、牧首宫、十二使徒教堂、兵器库馆、珍宝馆等建筑。

修斯,我们常说的克里姆林宫专指莫斯科的克里姆林宫,新闻里还常常用它指代俄罗斯联邦政府。不过,"克里姆林宫"在俄语中是指古俄罗斯城市的内城,四周筑有带塔楼的城墙,包括防御建筑物、宫殿和宗教建筑群。除了莫斯科,俄罗斯其他城市也有克里姆林宫,如喀山、罗斯托夫、诺夫哥罗德等。

连逛两天依然没有看完克里姆林宫的小姨

2020 年 11 月 15 日

俄罗斯金环┃莫斯科及周边地方的建筑宝库

亲爱的小修斯：

　　除了克里姆林宫，莫斯科及其周边地区还有很多值得一去的地方。今天，我们从克里姆林宫出发，到俄罗斯金环上极具历史和文化价值的小镇上转转，中途逛逛亚历山大花园、特维尔大街、莫斯科大剧院等不容错过的地方。

　　亚历山大花园位于莫斯科克里姆林宫墙北边，包括上园、中园和下园，呈长方形，延伸的总长度为904米。这座花园是以亚历山大一世的名字命名的，里面喷泉、雕塑随处可见。上园最著名的是无名烈士墓，墓前有一把火炬，不灭的火焰从建成时一直燃烧到现在，墓碑上镌刻着："你的名字无人知晓，你的功绩永世长存。"中园最明显的建筑是克里姆林宫外围的库塔菲亚塔楼。下园则可以直接通向克里姆林宫的鲍罗维茨塔楼。

　　亚历山大花园附近就是特维尔大街。在这条大街上，人们可以欣赏美轮美奂的古代建筑，也可以在华丽无比的歌剧院里接受芭蕾舞等艺术的熏陶。莫斯科市政厅就位于特维尔大街一边。特维尔大街的另一端是莫斯科十分繁华的商业街——新阿尔巴特大街和老阿尔巴特大街。

　　莫斯科大剧院的全称是莫斯科大彼得罗夫大剧院，是一座常年上演芭蕾舞和歌剧的剧院，也是俄罗斯历史最悠久的剧院，位列世界十大歌剧院之一。全世界的艺术家都向往在莫斯科大剧院登台演出，希望在这里展现他们的才华。

▌亚历山大公园上园里的无名烈士墓▐

▌莫斯科市政厅附近的特维尔大街▐

莫斯科大剧院正面

　　莫斯科大剧院的演出门票总是一票难求，人们往往需要提前很长时间才能在网站上买到。尤其在每年10月至12月的演出旺季，购票成功的概率更低。

　　淡黄色的莫斯科大剧院主体建筑是古典主义风格，门前竖立着8根15米高的乳白色的古希腊伊奥尼亚式圆柱，巨大的柱廊式正门雄伟壮丽。门顶立着一尊太阳神阿波罗雕塑，他站在一辆4驾青铜战车上，气势磅礴，造型优美，也是莫斯科的标志之一。剧院主体建筑的正前方是一座美轮美奂的艺术喷泉。

　　莫斯科大剧院的演出大厅以金色为主调，金碧辉煌，豪华庄重。整个大厅高21米，厅长25米，宽26.3米，里面有6层包厢。它除拥有2150个座位外，舞台可容纳1500人的庞大演出阵容，舞台正中央悬挂着用13 000块水晶和无数小烛台组成的水晶花篮大吊灯，能把整个大厅照得金碧辉煌。当然，这里演出水平绝对是一流的，在世界上也是数一数二的。能在莫斯科大剧院看一场演出，也是一种荣幸和享受。

　　接下来，我们沿着俄罗斯金环转一圈吧。所谓俄罗斯金环，就是一条从莫斯科出发，前往东北方数座古老城镇，绕一圈后返回莫斯科的历史文化旅游路线。俄罗斯金环跨越莫斯科州、弗拉基米尔州、伊万诺沃州、科斯特罗马州和雅罗斯拉夫尔州，主要包括8座历史悠久的古老城镇：谢尔吉耶夫镇、佩列斯拉夫尔－扎列斯基、罗斯托夫、雅罗斯拉夫尔、科斯特罗马、伊万诺沃、苏兹达尔和弗拉基米尔。

谢尔吉耶夫镇是距莫斯科最近的金环古镇，是来莫斯科旅行的人必去的地方。这座小镇规模不大，但它是俄罗斯的东正教中心，而俄罗斯历史和东正教密不可分，所以这里也是俄罗斯人的精神圣地。小镇中心的谢尔吉耶夫圣三一修道院是东正教的朝圣之地，也是俄罗斯地位最高的修道院。谢尔吉耶夫圣三一修道院设有莫斯科宗教大学的神学院，人们在这里经常能遇到身裹黑袍的年轻修士和修女。

除了谢尔吉耶夫圣三一大修道院外，谢尔吉耶夫镇还有一个旅游景点，那就是玩具博物馆。自古以来，谢尔吉耶夫镇就以制作玩偶、套娃等玩具而闻名，玩具博物馆内展示着很多本地生产的珍贵民间艺术品。

佩列斯拉夫尔－扎列斯基是紧邻谢尔吉耶夫镇的金环城市。这座城市的历史可以追溯至1152年，它的建造者就是莫斯科城的创建者尤里·多尔戈鲁基。当时，多尔戈鲁基在当地搭建了一个高8米至15米、长2.5米的土堆，那就是这座城市的雏形。时至今日，人们依然可以看到这个土堆。佩列斯拉夫尔－扎列斯基城里有很多教堂，这些教堂作为一个整体，带给游人赏心悦目的感觉。此外，我们在这里还可以参观彼得大帝的船博物馆，馆内展示着据称是彼得大帝亲自打造的"弗鲁茨那号"船等。

谢尔吉耶夫圣三一修道院全景图

罗斯托夫坐落在涅罗湖畔,被喻为"金环上的明珠",是俄罗斯金环上最古老的城市之一。为了区分罗斯托夫和顿河畔罗斯托夫,人们常常把罗斯托夫称为大罗斯托夫。

俄罗斯官方记载第一次提及罗斯托夫是公元862年。自1207年起,罗斯托夫一直是罗斯托夫公国的首都。1474年,罗斯托夫公国归顺莫斯科公国。此后,罗斯托夫迅速发展起来。1589年至1788年,罗斯托夫成为俄罗斯与白海之间的商埠,是俄罗斯当时最大和最富有的大都市。如今,这座常住人口不到4万人的小城里面有326处文化古迹,而其中1/3属于俄罗斯国家级古迹。

涅罗湖对岸就是罗斯托夫克里姆林宫,白色的城墙和塔楼将宫殿、修道院、教堂等围护起来。罗斯托夫克里姆林宫是整个俄罗斯金环地区最大的教堂群。圆顶、城墙、尖塔,色彩迷人的宏伟建筑,不管从哪个角度看,都美不胜收。

雅罗斯拉夫尔是雅罗斯拉夫尔州的首府。它坐落在伏尔加河和科特罗斯河的交汇处,是伏尔加河畔的重要港口城市,高速公路、铁路和水路在这里会合。早在11世纪,雅罗斯拉夫尔就发展为一座商业城市。如今,它不仅是俄罗斯金环上最大和最有活力的城市,也是俄罗斯最古老的城市之一。2005年,雅罗斯拉夫尔历史悠久的中心区域被联合国教科文组织列入《世界遗产名录》。

罗斯托夫克里姆林宫全景图

生活在俄罗斯才知道

根据历史传说，公元9世纪初，雅罗斯拉夫尔已经成为当地土著人的聚居点。

1071年，雅罗斯拉夫尔第一次出现在史书记载中，指明该城始建于1010年以前。据说，基辅罗斯大公雅罗斯拉夫·弗拉基米罗维奇下令修建并以自己的名字命名了这座城市。

2010年，雅罗斯拉夫尔市庆祝了建市1000周年诞辰。

科斯特罗马位于伏尔加河和科斯特罗马河的交汇处，也是一座历史名城，1213年始见于历史文献。考古学家认为，科斯特罗马是由莫斯科王公尤里·多尔戈鲁基于1151年建造的。

统治俄罗斯300年的罗马诺夫王朝就来自科斯特罗马的罗曼诺夫家族，因此罗曼诺夫皇室一直把这座城市视为他们的保护地。

科斯特罗马城内有很多精美绝伦的古代建筑，包括伊帕季耶夫修道院、基督复活大教堂、尤里·多尔戈鲁基纪念碑、历史建筑艺术博物馆、科斯特罗马木质村落博物馆等。

雅罗斯拉夫尔中心区域的先知以利亚教堂

其中，伊帕季耶夫修道院就是米哈伊尔·罗曼诺夫当选沙皇之后的藏身之地，后世把它称为"罗曼诺夫王朝的摇篮"。始建于1652年的基督复活大教堂是科斯特罗马的首座石质教堂，也是17世纪俄罗斯建筑艺术的经典之作。

科斯特罗马的基督复活大教堂

　　　　修斯，伊万诺沃、苏兹达尔和弗拉基米尔这三座俄罗斯金环古城也有很多极具历史价值的独特建筑和景观。你可能已经注意到，通过了解俄罗斯金环沿线上古城镇，我们就相当于重温了俄罗斯的早期历史。

曾经走马观花般游览金环城古镇的小姨

2020 年 11 月 20 日

严肃而友善的俄罗斯人丨打抱不平的老奶奶

亲爱的小修斯：

记得去年我们相见时，你告诉我说，在你的同学的印象里，似乎俄罗斯人不大爱笑，商店服务员也很少有"微笑服务"。另外，也有人说俄罗斯人比较好斗，动不动就会用拳头说话。

今天，小姨就说说俄罗斯人吧。

实际上，俄罗斯人民非常爱好和平，也非常珍惜和平。平日里，他们看起来不苟言笑，那只是因为他们不习惯流露笑意。但是，他们大都有一颗"惩恶扬善"的心，也就是我们说的"路见不平，拔刀相助"。

不管是年轻人，还是老一辈俄罗斯人，他们常常做的比说的多。和你成为朋友后，他们会用实际行动帮助你，他们也喜欢和这样的人成为好朋友。

俄罗斯人记得战争带来的苦难，喜欢和爱好和平的人交朋友，也十分珍视来之不易的友情。

遇到需要帮助的人，俄罗斯人一定会责无旁贷地尽力帮助他们。

凭借我在俄罗斯生活多年的经验，这里的人大声说话并不代表他们生气了，他们仅仅是说话声音比较大而已。不过，俄罗斯人很少在公共场所大声喧哗。

前几天，我逛街时看见几个中学生把一个年龄较小的男孩子逼到了墙角，有一位走路晃晃悠悠的老太太上前制止了他们，让他们别仗着人多欺负人，也不要在公共场所大声喊叫。

　　小修斯，我很愿意给你介绍俄罗斯的"小笔友"。不过，我想你们现在更愿意用各种社交软件联系。我就先把思达希雅阿姨的女儿介绍给你吧。她和你一样，极爱阅读小说。

　　志趣相投的朋友越多，幸福感就越浓烈，难道不是吗？

　　期待你很快就和思达希雅阿姨的女儿成为密友的小姨

　　2020 年 11 月 26 日

俄罗斯的辉煌之心丨"北方首都"圣彼得堡

> 亲爱的小修斯：
>
> 俄罗斯是一个美丽的神秘国度，那里的每个城市都有独特的魅力。圣彼得堡是俄罗斯近代文明的摇篮，也是世界上最美丽的城市之一。与莫斯科相比，小姨颇喜欢更有皇家风范的圣彼得堡。

前面已经讲过，18世纪初，俄罗斯历史上最伟大的君主——彼得大帝在芬兰湾最深处的涅瓦河三角洲的诸多岛屿上建造了一座以彼得保罗要塞为中心的新城市——圣彼得堡，并把它作为俄罗斯的新首都。

此后200多年间，历代沙皇在城内和城郊建造了一座座闻名于世的皇宫和行宫，圣彼得堡最终成为俄罗斯帝国的心脏。

首都迁回莫斯科后，圣彼得堡依然是国家中心城市。

时至今日，俄罗斯的众多重要政府机构依然设在圣彼得堡，包括俄罗斯联邦宪法法院、纹章局、列宁格勒州政府、独联体联盟议会大厦、俄罗斯海军司令部和西部军区司令部，因此圣彼得堡在俄罗斯又有"北方首都"的称号。

自建城以来，圣彼得堡曾多次因时空背景而易名：1914年，第一次世界大战爆发后，圣彼得堡改名为"彼得格勒"。列宁逝世后，这座城市又改名为"列宁格勒"。1991年，经过公投决议，列宁格勒恢复使用原名圣彼得堡。

有意思的是，自2011年起，每年2月18日（列宁格勒解放日）、2月23日（祖国保卫日）和5月9日（胜利日）这三天，圣彼得堡对外自称列宁格勒。

1744年的圣彼得堡地图（中间的小岛就是彼得保罗要塞的所在地）

从芬兰湾俯瞰圣彼得堡

生活在俄罗斯才知道

圣彼得堡城市景观

圣彼得堡中心城区俯瞰图

如今，圣彼得堡市是俄罗斯的联邦直辖市，也是俄罗斯第二大城市，还是世界上居民超过 100 万人的最北端城市。同时，圣彼得堡也是俄罗斯文化中心、经济中心、科学中心和交通枢纽。圣彼得堡还经常被称为俄罗斯最西方化的城市，是俄罗斯通往欧洲的窗口，许多外国领事馆、跨国公司、银行和其他业务据点均设在圣彼得堡。

圣彼得堡旅游资源丰富，被联合国教科文组织列为第八位受欢迎的旅游城市。与莫斯科作为历史中心相比，圣彼得堡作为历史中心更有皇家风范。1991 年，圣彼得堡历史中心及相关建筑群被联合国教科文组织列入《世界遗产名录》。彼得保罗要塞、冬宫、涅瓦大街、喀山大教堂、俄罗斯博物馆、青铜骑士像、基督复活大教堂、圣以撒大教堂、马林斯基剧院、俄罗斯国家图书馆等众多文化景点，以其独特的风格吸引着不同国家的来客。

修斯，俄罗斯有句名言："不到圣彼得堡就等于没到过俄罗斯，不到艾尔米塔什就等于没到过圣彼得堡。"

你是不是迫不及待想要来圣彼得堡游玩了？

那么，小姨就先在信中向你介绍一下这座美丽的城市吧。

把圣彼得堡当成第二故乡的小姨

2020 年 12 月 1 日

圣彼得堡的起源地丨彼得保罗要塞

亲爱的修斯：

　　小姨说过，要想真正了解一个国家就要先了解这个国家的历史。同样，要了解一座城市也要先了解这座城市的历史。那么，我们就从圣彼得堡的起源地彼得保罗要塞来了解这座城市吧。

　　彼得保罗要塞是圣彼得堡最古老的建筑，圣彼得堡就是在它的保护下诞生并发展起来的。建造之初，彼得保罗要塞是俄国在大北方战争中同瑞典作战的前哨阵地，也是一座建造在兔子岛上的木质防御工事。后来，彼得保罗要塞几经扩建，成为一座六面棱柱体石质城堡。

丨 彼得保罗要塞俯瞰图 丨

彼得保罗大教堂是彼得保罗要塞最著名、最引人注目的建筑。它最初是一座木质教堂，1712年至1733年被改建为一座巴洛克式石砌教堂。目前，彼得保罗教堂是圣彼得堡市最高的尖塔建筑，整座尖塔金光闪闪，高达122米，尖顶上的天使塑像高3.2米，双翼伸展达3.8米，塑像头上的十字架高6.4米。这座教堂外观庄严肃穆，内部装饰富丽堂皇，四壁以鲜亮的颜色为基调装饰，穹顶雕有各式图案，拱形窗边挂有18幅以圣经故事为题材的绘画，大厅悬挂着镀铜吊灯和有色水晶灯架，内壁饰有43幅精雕细镂的木刻雕像。自彼得大帝以来，俄罗斯帝国几乎所有的沙皇、皇后和皇室人员都安葬在这座教堂里面。彼得保罗教堂旁边有一座小亭子，装饰有圆柱和航海女神的塑像，是保存彼得大帝的一条小船的船屋。

彼得保罗教堂

　　修斯，彼得保罗要塞里面还有圣彼得门、彼得大帝的船屋、造币厂、兵工厂、十二月革命党人纪念碑等建筑物。在这里，我就不一一介绍了。等以后有机会，我们一起游览吧。

想要和你分享一切的小姨

2020年12月4日

丰富多样的人文景点 | 涅瓦河畔的历史建筑

亲爱的修斯：

　　彼得保罗要塞所在的兔子岛是涅瓦河上一座面积很小的河心岛。彼得大帝大规模建造圣彼得堡期间把建设的重点放在了兔子岛周边地区。现在，圣彼得堡的名胜古迹主要分布在涅瓦河对岸的陆地，尤其是涅瓦大街两边，例如海军部大厦、圣以撒大教堂、喀山大教堂、彼得大帝青铜骑士像等。

　　涅瓦大街是圣彼得堡最热闹最繁华的街道，是彼得大帝亲自设计的。它全长约4.5千米、宽25米至60米，从涅瓦河畔的海军总部一直延伸到亚历山大·涅夫斯基修道院，横贯莫依卡河、格利巴耶多夫运河和喷泉河。它是圣彼得堡市最古老的道路之一，最初作为连通海军总部与诺夫哥罗德、莫斯科之间的道路，是在沼泽中被开辟出来的。如今，涅瓦大街是俄罗斯旅游必去景点之一。

　　海军部大厦自俄罗斯帝国时期至今皆为俄罗斯海军总部所在地。这座帝国风格的大厦位于海军部滨河路，涅瓦大街西端，由扎哈罗夫设计，兴建于1806年至1823年。镀金的尖塔顶部是金色船形风向标。它是该市最显眼的地标之一。尖塔是圣彼得堡当时的三条主要街道——涅瓦大街、戈罗霍娃街和沃兹涅先斯基大街的焦点。这是因为彼得大帝强调海军的重要性。

　　整体呈圆弧形的喀山大教堂是俄罗斯帝国风格的建筑，专为存放俄罗斯东正教的重要圣物——喀山上帝之母圣像而建造的。因为宗教性的要求，教堂的圣堂必须面朝东方，设计师便采用了宏伟的圆弧长廊来解决教堂正面无法面对主要大街的问题。

人们往往被这样华美的古典风格长廊吸引注意力，也就忽视了教堂正面方位的问题。半圆的圆弧长廊围出了一个半圆形广场，广场中间是一座花岗岩喷泉，后面是高达70米的教堂圆顶，长廊的两侧分别是两位俄国统帅库图佐夫和巴克莱·德·托利的纪念像。

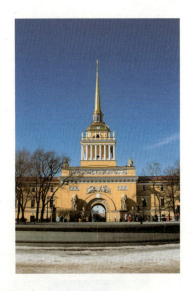

上 ▌海军部大厦
下 ▌喀山大教堂

圣彼得堡书店也坐落在涅瓦大街上，建筑整体是现代派风格，共有6层，占地面积约7000平方米。这座大楼的外观非常吸引人。它的拐角部分和楼顶有着精美的雕塑和玻璃圆顶，让这座建筑成为全俄罗斯"颜值最高的书店"。无数观光客都来这里合影留念，俄罗斯的著名作者和出版社也常常选择在这里举办新书发布会和读者见面会。

　　圣以撒大教堂坐落在同名广场上，紧邻十二月党人广场。它是圣彼得堡最大的教堂，也是圣彼得堡标志性建筑之一。亚历山大一世于1818年下令建造了这座新古典主义建筑，建造工程历时40年，中间经过尼古拉一世，直到亚历山大二世在位期间才得以完成。圣以撒大教堂有着多达262级的台阶和标志性的巨大金色圆顶，人们从很远的地方就可以望见它。游客们往往也乐意登上这座教堂的顶部，俯瞰全圣彼得堡的风景。

　　圣以撒大教堂是以彼得大帝的主保圣人——圣以撒（他的庆祝日和彼得大帝的生日是同一天）命名的，它的前面就是彼得大帝的青铜骑士像。

▌圣以撒大教堂▐

描绘圣以撒大教堂和彼得大帝青铜骑士像的画作

　　彼得大帝青铜骑士像坐落在十二月党人广场，刻画的是彼得大帝策马前行的英姿，是俄罗斯圣彼得堡的象征。叶卡捷琳娜二世为了证明她是彼得大帝正统的继承人，特地请来法国著名雕塑家法尔科耐修建了这尊彼得大帝雕像。俄国大文学家普希金的叙事诗《青铜骑士》就是以这尊雕像为题材的，诗中高度颂扬了彼得大帝的光辉形象。

　　彼得大帝青铜骑士像的底座是一整块重达40吨的花岗石，上面刻着："叶卡捷琳娜二世纪念彼得大帝于1782年8月。"彼得大帝骑的马代表俄罗斯，它双脚腾空，就像要冲破一切阻力勇往直前。正如雕塑展示的那样，彼得大帝冲破了重重阻力，夺取了芬兰湾深处的大片领土，并在这片沼泽地上建造了圣彼得堡这座美丽的城市，把贫穷落后的俄罗斯带向了海洋与繁荣。

　　涅瓦大街附近有一座可以和莫斯科的圣瓦西里大教堂相媲美的东正教传统教堂。它就是著名的喋血大教堂，正式名称是基督复活大教堂。

　　1883年，亚历山大三世为了纪念遇刺身亡的父皇亚历山大二世下令修建了这座教堂。但是这项工程进展非常缓慢，直到1907年才最终完成。

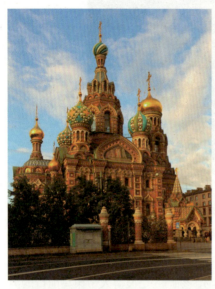

上 | 喋血大教堂 |
下 | 彼得大帝青铜骑士像 |

在喋血大教堂内部，即亚历山大二世遇刺的精确地点有一个祭坛，装饰以黄玉、琉璃和其他宝石，这位沙皇的血从鹅卵石中溢出，溅到地板上，与周围极其丰富的装饰形成鲜明对照。当时，亚历山大三世要求，这座教堂必须能充分体现俄国的传统建筑风格。因此，设计师把圣瓦西里大教堂和雅拉斯拉夫斯基火车站作为蓝本，结合巴洛克风格和新古典主义风格，建造了这座教堂。

喋血大教堂和圣瓦西里大教堂一样，拥有五光十色的"洋葱头"圆顶，整体建筑高约81米，颜色鲜艳亮丽。除此之外，喋血大教堂采用色彩丰富、图案多变的瓷砖和搪瓷青铜板装饰外墙立面；内部则处处镶嵌着宗教题材的镶嵌画，总面积达7500平方米，超过世界上任何其他教堂。这些镶嵌画的材料异常珍贵，包括来自意大利的颜色不同的大理石和俄国自产的宝石。

现在，喋血大教堂是镶嵌画博物馆，是圣彼得堡的一个主要旅游景点。

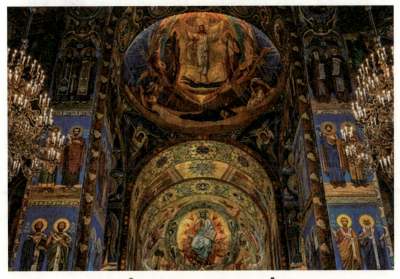

喋血大教堂内部的镶嵌画

斯莫尔尼大教堂是一座蓝白两色相间的建筑，坐落在涅瓦河左岸。它原是一座东正教修女院，今天主要用作音乐厅，周围的修道院建筑由各部门政府机构使用。斯莫尔尼修道院整组建筑精美至极，被视为俄罗斯巴洛克式建筑中最完美的作品，建筑师巧妙地将巴洛克风格与拜占庭式"洋葱头"圆顶结合起来。

▌斯莫尔尼大教堂▌

　　修斯，看完圣彼得堡历史中心的这些著名建筑，我们接下来参观那里的博物馆吧。

对圣彼得堡情有独钟的小姨

2020 年 12 月 7 日

艺术之都的博物馆之首丨艾尔米塔什博物馆

亲爱的修斯:

圣彼得堡有200多座博物馆,其中有许多博物馆设在圣彼得堡历史中心的建筑里面。如果有时间,我真想带你来逛一逛这里的所有博物馆。不过,这个想法太不现实了。以冬宫为主馆的艾尔米塔什博物馆就在我的母校圣彼得堡国立大学的对面,它也是小姨参观次数最多的博物馆,我就从它开始说吧。

在圣彼得堡宫殿广场上,你一眼就能看到一组白绿相间的建筑物,这就是游客争先恐后地造访的冬宫。

冬宫是圣彼得堡的标志性建筑,也是俄国巴洛克式建筑的杰出典范。冬宫共有三层,平面呈封闭式长方形,长约230米,宽约140米,高22米,建筑总面积为4.6万平方米,占地9万平方米。它一面朝向涅瓦河,另一面朝向海军大厦和宫殿广场。它的外墙四周分布着上下两排立柱和三层拱顶窗,立面顶端装饰着200多尊雕像,中央悬挂着俄罗斯国旗。

▌冬宫正面全景图▐

冬宫内部以金、铜、水晶、大理石、孔雀石和各种艺术珍品装饰，色彩缤纷，豪华而又典雅。宫内大厅各具特色，其中乔治大厅、亚历山大大厅、孔雀石大厅、小餐厅尤为著名。乔治大厅的墙上有一幅极为罕见的俄国地图，上面镶有4.5万颗各色宝石。

冬宫始建于1721年至1762年，自建成之初至1917年一直是罗曼诺夫王朝皇帝或女皇的皇宫。自1922年起，冬宫成为艾尔米塔什博物馆的主馆。

冬宫成为博物馆并非出于偶然。早在彼得大帝的女儿伊丽莎白一世·彼得诺夫娜女皇在位期间，冬宫就有皇家博物馆的属性了。叶卡捷琳娜二世在位期间极大地扩充了冬宫的馆藏数量，并于1764年在冬宫里面建立了她的私人博物馆——冬宫新建的侧翼"艾尔米塔什"，用来收藏她从柏林商人戈茨科夫斯基手中获得的200多幅绘画作品，以及来自欧洲和亚洲的其他艺术珍品。

现在，冬宫与小艾尔米塔什宫、旧艾尔米塔什宫、艾尔米塔什剧院、冬宫储备库、新艾尔米塔什宫组成一个总面积达130万平方米的"六宫殿建筑群"，与收藏其中的近300万件珍贵收藏品共同构成俄罗斯国立艾尔米塔什博物馆。艾尔米塔什博物馆是世界四大博物馆之一。

冬宫里面的孔雀石大厅

涅瓦河畔冬宫景观

修斯，如果来圣彼得堡而没有参观冬宫，相当于白来一趟。在这里，需要特别提醒一下：参观冬宫的团体游客需要从对着涅瓦河畔的入口进入，散客则要从冬宫广场的入口进入。夏季是圣彼得堡游客最多的季节，参观冬宫的游客更是人山人海，来自世界各地，拥有不同的肤色，说着不同的语言，但一定要规规矩矩地排队。如果是几年前，我一定会告诉你："如果你要来俄罗斯，一定要先学一些通用的俄语，英语在这里行不通。"现在，中文在俄罗斯越来越常见，俄罗斯绝大部分著名景点都有中文提示，游览的时候一定要详细阅读上面的文字。

俄罗斯流传着这样一句话："如果在艾尔米塔什博物馆的每幅作品前均停留3分钟，你就要在那里待上15年才能看完所有作品。"

艾尔米塔什博物馆的镇馆之宝是孔雀金钟，全部由贵金属打造，用宝石来雕饰，手工非常细致，堪称"钟表皇后"。这是一座由英国历史上著名的钟表设计师詹姆斯·考克斯和他的工匠团队共同打造的珠宝机械钟。孔雀金钟的主体是一只立在3米多高枝繁叶茂的橡树上的华贵孔雀，孔雀四周装饰着象征富贵吉祥的牡丹花，左下方是一只被关在笼子里的猫头鹰，右下方是一只气宇轩昂的大公鸡，树下生长着12朵圆蘑菇，其中最大的那朵蘑菇的顶端落着一只振翅欲飞的蜻蜓。

艾尔米塔什博物馆镇馆之宝孔雀金钟

孔雀金钟不仅是一件艺术品，更是一件实用品。当它上满发条时，蜻蜓就会一秒一秒地转动，起到秒针的作用，而蜻蜓下面的大蘑菇盘上可以看到小时和分钟的刻度。每当整点时刻，橡树上的各种动物就开始表演：猫头鹰随着音乐开始转动头部，一双大眼睛环顾四周，就像俄罗斯边防哨兵一样时刻保持警惕；孔雀开始开屏，展示孔雀屏的金色正面和银色背面，金色正面象征着太阳和白昼，银色背面象征着月亮和黑夜；公鸡开始打鸣，发出啼叫声，象征着新的一天开始了。整个运行过程代表着从黑夜到白昼周而复始。不过，博物馆的工作人员为了保护这个已有200多年历史的镇馆之宝，通常情况下都让它停止运行。

艾尔米塔什博物馆共有1000个展览厅，但对公众开放的展厅只有300多个，展示的收藏品只是其中很小一部分。

西欧艺术部是设立最早和规模最大的分部，收藏着近60万件展品，其中包括达·芬奇、提香、卡拉瓦乔、格雷考、委拉斯开兹、鲁本斯、莫奈、凡·戴克、伦勃朗、凡·高、弗拉戈纳尔、马蒂斯等欧洲其他国家艺术家的名作。

关于圣彼得堡

圣彼得堡是俄罗斯近代文明的摇篮，也是世界上最美丽的城市之一。18 世纪初，彼得大帝在芬兰湾最深处的涅瓦河三角洲的诸多岛屿上，建造了一座以彼得保罗要塞为中心的新城市——圣彼得堡，并把它作为俄罗斯的新首都。此后 200 多年间，历代沙皇在城内和城郊建造了一座座闻名于世的皇宫和行宫，圣彼得堡最终成为俄罗斯帝国的心脏。时至今日，俄罗斯的众多重要政府机构依然设在圣彼得堡。

1 彼得保罗要塞

2 艾尔米塔什博物馆

3 彼得大帝青铜骑士像

4 圣以撒大教堂

5 喀山大教堂

6 亚历山大纪念柱

7 圣彼得堡书店

8 基督复活大教堂（喋血大教堂）

9 俄罗斯国家博物馆

10 斯莫尔尼修道院

11 斯莫尔尼宫

12 海神柱

13 彼得大帝人类学·民族学博物馆

14 艾拉尔塔当代艺术博物馆和画廊

俄罗斯最大的博物馆丨俄罗斯国家博物馆

亲爱的修斯：

　　我总觉得博物馆是俄罗斯的"眼珠子"，为什么这么说呢？因为在俄罗斯，无论多大的城镇，多小的乡村，都一定设有博物馆，就好像人人都有双眼，明亮而宝贵。

　　距离艾尔米塔什博物馆不远处，矗立着俄罗斯规模最大的博物馆——俄罗斯国家博物馆。俄罗斯博物馆于1895年4月13日开馆，是俄罗斯第一座国家级造型艺术博物馆，也是世界上俄罗斯艺术作品收藏最丰富的博物馆。俄罗斯国家博物馆，原名为亚历山大三世皇帝纪念俄罗斯美术馆，主馆米哈伊洛夫宫是19世纪早期俄罗斯新古典主义建筑的杰作。沙皇保罗一世就是在这里被暗杀的。

　　就馆藏而言，俄罗斯博物馆是俄罗斯实用艺术品收藏最多的博物馆，而其中最丰富的是瓷器，约占全馆藏品总数的2/3。

　　俄罗斯国家博物馆里面的美术收藏品多达40万件，对12世纪至20世纪的整个俄罗斯美术史，可谓收揽无余。列宾最著名的作品《伏尔加河上的纤夫》就收藏在这里。这幅油画描绘的是11名纤夫在伏尔加河畔拉纤的情景，是19世纪80年代初最出色的批判现实主义油画杰作之一。我们可以从图中看到纤夫的一生——身穿红衣的少年、黑面白衣的中年人和队尾埋着头的老者。

　　瓦西里岛有两个很特别的博物馆，它们也是全世界游客喜爱前往的场所。艾拉尔塔当代艺术博物馆和画廊，不仅是俄罗斯国内规模最大的当代艺术博物馆，还是国际连锁画廊，它在英国伦敦、美国纽约、瑞士苏黎世和中国香港均设有分支机构。

俄罗斯国家博物馆主馆米哈伊洛夫宫西立面俯瞰图

列宾经典画作《伏尔加河上的纤夫》

圣彼得堡的艾拉尔塔当代艺术博物馆和画廊本部占地面积超过10 000平方米，收藏着来自俄罗斯各地的150多位艺术家于20世纪后期至21世纪初期创作的2000多部作品。在那里，人们不仅可以了解俄罗斯当代艺术，比如油画、摄影作品等，还可以参与多种新颖有趣的互动项目，比如动画表演，甚至可以用荧光屏展示生动的艺术品。

彼得大帝人类学·民族学博物馆坐落在冬宫对面，创建于1714年，是俄罗斯最早的博物馆。游客和当地人都很喜欢来这里参观，尤其喜欢观看彼得大帝的人类学收集品。彼得大帝似乎对人类形体有着极大的兴趣，他投入巨款收集巨人、畸形儿等人体标本。目前，该博物馆藏有200万件作品，广泛收集着世界各地的人类学、民族学资料，是世人了解人类学、民族学最好的地方之一。不过，不能接受这些人体标本或心脏不太好的人，最好不要前去参观。

小修斯，在俄罗斯生活多年，我经常逛博物馆，这开阔了我的眼界，让我的审美水平有了很大提高。俄罗斯人正是在这样的文化和艺术氛围中成长起来的，自然拥有很多艺术细胞。

真心喜爱圣彼得堡生活的小姨

2020年12月16日

圣彼得堡郊区 |
彼得宫城、普希金城和叶卡捷琳娜宫

亲爱的修斯：

　　作为俄罗斯曾经的首都和如今的"北方首都"，圣彼得堡郊区也有很多值得游玩的小城市。每座小城都有它们独一无二的魅力。

　　当然，圣彼得堡开桥也是夏天来圣彼得堡的游客不容错过的景观。

彼得宫城位于芬兰湾南岸的密林中，圣彼得堡市中心以西约29千米，里面最著名的景点是以喷泉景观闻名遐迩的彼得霍夫国家博物馆。

彼得霍夫国家博物馆由众多美丽的喷泉、雕塑、公园、宫殿组成，主要分为上园和下园。其中，上园中有著名的大宫殿。大宫殿无论内外，装饰都非常华丽，宫殿的两翼还有金色圆顶，宫内有庆典厅堂、礼宴厅堂和皇家宫室。

大宫殿前是被称作"大瀑布"的喷泉群，其中包含37尊金色雕像、29尊浅浮雕、150尊小雕像、64座喷泉和2座梯形瀑布。喷泉群中有个很大的大半圆形水池，中央竖立着大力士参孙和狮子搏斗的雕像。

普希金城又称沙皇村，位于圣彼得堡市南部约25千米处，意思是"沙皇的村落"。沙皇村是俄罗斯帝国时期罗曼诺夫家族成员的居住地之一，也是沙皇最大的离宫之一。1937年，为纪念普希金逝世100周年，沙皇村改名为普希金市。同年，往返沙皇村和圣彼得堡的铁路通车，是为俄国铁路史的开端。

现在，每年6月的第一个星期天，普希金城都要隆重庆祝普希金诞辰。

┃彼得霍夫国家博物馆远景图┃

┃彼得霍夫国家博物馆的一处喷泉┃

叶卡捷琳娜宫和亚历山大宫均是沙皇村的代表建筑。叶卡捷琳娜宫是典型的俄罗斯洛可可式建筑，是彼得大帝为叶卡捷琳娜一世修建的。这座宫殿色彩清新柔和，无处不弥漫着花草的芬芳。而亚历山大宫修建于亚历山大一世时期，是一座新古典主义建筑，现在亚历山大宫是一座博物馆。

现在，我要说说圣彼得堡的拉多加湖。当地的好朋友阿里萨告诉我，拉多加湖的风光很适合喜爱自然景色的我；而我则听说拉多加湖畔就是中国人民很熟悉的小说《这里的黎明静悄悄》的故事原型发生地，也是同名电影的拍摄地。于是，我和同学们乘坐小火车前往拉多加湖。

叶卡捷琳娜宫内部

叶卡捷琳娜宫全景图

拉多加湖旧称涅瓦湖，是欧洲最大的淡水湖，圣彼得堡的母亲河涅瓦河就发源于拉多加湖。

涅瓦河自东向西流经圣彼得堡，向西北流入芬兰湾，是圣彼得堡市的灵魂。涅瓦河上桥梁遍布，千姿百态，各不相同，风光旖旎，素有"北方威尼斯"之称的圣彼得堡有着众多的岛屿、河流和桥梁，也被大家称为"桥上的城市"。

涅瓦河上的几百座桥梁是圣彼得堡这座独特的水城和桥城的一大景观。但是，圣彼得堡的桥梁的桥身距离水面不高，这样的桥梁在城市中显得更加美观，但同时也存在一个问题：大型船只如何通过这些桥梁呢？

解决办法就是开桥。开桥不是某一座桥梁的名字，而是所有能开合的桥梁的总称。开桥是圣彼得堡的标志之一和城市名片。在圣彼得堡，开桥的数量为13座。每年4月中旬至11月末，来自世界各地的游客有近7个月时间可以在圣彼得堡观赏开桥。在此期间，这13座桥梁在每天凌晨1:30至凌晨4:30开启。开桥的地点为大涅瓦河上的一系列大桥（冬宫北侧沿河一系列大桥），最具观赏性的是冬宫桥在夜间缓缓"绽放"的奇观。冬宫桥从正中间打开桥面的1/2，但打开后很快闭合。接下来，涅瓦河上的其他大桥由外向内（海湾为外侧）依次打开，每座大桥的打开时间有一定的间隔——20分钟至30分钟。

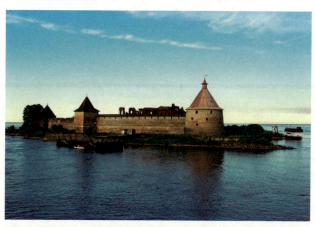

▍拉多加湖畔风光▍

开桥期间的冬宫大桥

　　欣赏开桥的最佳时节是每年6月中下旬，这时候是圣彼得堡的白夜时期。简单说一下，圣彼得堡位于北纬60度，每年仲夏时节的日照时间接近20个小时，6月21日夏至日这天的白昼时间更是长达23个小时。这就是常说的白夜。白夜期间，即使在"黑夜"里，太阳也没有真正"落山"，天边仍然会透出微薄的光亮，夕阳西下与旭日东升之间短暂的间隔几乎让人无法分辨。白夜期间，漫步在涅瓦河畔，人们无须掌灯就可以在午夜时分读书看报。

　　　　修斯，白夜期间乘坐游船在涅瓦河上一边欣赏两岸的美景，一边享受开桥的激动场面，洒在河面的街灯光影和开桥的灯光交相辉映，仿佛进入梦幻星空一般。
　　　　惊叹于大自然的鬼斧神工和圣彼得堡人的智慧的小姨
　　　　2020年12月22日

东正教文化与伊斯兰文化的和谐共处 | 喀山克里姆林宫建筑群

小修斯：

今天，小姨我包得就像个粽子一样。

说来话长，我慢慢地讲吧。

闲来无事，我坐上火车从圣彼得堡来到喀山玩儿几天，一路上风景秀丽，我的心情大好。

喀山是俄罗斯联邦鞑靼自治共和国的首府，是伏尔加河中游地区重要的旅游城市之一，名胜古迹特别多。伏尔加河与喀山河在喀山城东交汇，喀山这座城市被青山绿水环抱着。它是俄罗斯的文化名城，喀山克里姆林宫建筑群很华丽。

喀山市区全景图 |

喀山既有欧洲风格的教堂和亚洲格调的喇嘛庙，也有阿拉伯风格的清真寺。我把第一站定在了喀山克里姆林宫。

喀山的历史可上溯到1000年前，大约11世纪初，当时的伏尔加－保加尔公国为了抵御外敌入侵，在伏尔加河东岸的山坡上修建了一座木质的城堡，这就是喀山的雏形。在鞑靼语中，"喀山"的意思是"大锅"——城堡因形状如同一个倒扣的大锅而得名。喀山与莫斯科、圣彼得堡并列为俄罗斯仅有的三座A级历史文化名城。2009年，俄罗斯专利局认同了喀山"俄罗斯第三首都"的称号。

俄罗斯众多名人与喀山有不解缘分。普希金曾到访喀山，列夫·托尔斯泰曾在喀山联邦大学学习，列宁的革命道路始于喀山。喀山市至今仍保留着列宁一家曾居住过的小楼。高尔基的少年时期是在喀山度过的，喀山也有一条高尔基大街。这条大街的10号就是高尔基文学纪念博物馆。

千百年来，突厥人、保加利亚人、蒙古人、俄罗斯人的足迹多次在这里交会，喀山的主体民族是鞑靼人。这里作为伊斯兰文化和宗教传播所至的最北端，历来受到东西方文化的交互影响。

徜徉在喀山市内，既可以看到东正教堂的圆顶，也可以看见清真寺的经塔和新月标志，这里有27座东正教教堂和31座伊斯兰清真寺。

喀山的克里姆林宫包含库尔·谢里夫清真寺、苏斯帕斯塔楼、天使报喜大教堂、五一广场、鞑靼斯坦共和国国立博物馆等。鞑靼伊斯兰风格和俄罗斯东正教风格在喀山的克里姆林宫珠联璧合，一边是有400多年历史的天使报喜大教堂，而另一边则是宏伟的库尔·沙里夫清真寺。

现在的喀山克里姆林宫建立在喀山·可汗·金部落时期的遗址上。伊凡雷帝将喀山纳入俄罗斯版图之后，推倒了喀山城的木质城墙，在原来的位置修建了一座石头城堡，也就是现在的喀山克里姆林宫。

2000年，喀山克里姆林宫被联合国教科文组织列为世界文化遗产。

喀山克里姆林宫凝聚着几个世纪的建筑精华，四周环绕着高大的白色石墙，有独特的环形洞穴和13座有斜脊的城楼。

喀山克里姆林宫遥看图

　　喀山克里姆林宫建筑群中最古老的建筑是天使报喜大教堂。天使报喜大教堂是一座典型的东正教教堂，是16世纪俄罗斯建造的唯一一座有6个支墩和5个圆顶的教堂。和许多同时期的喀山建筑一样，天使报喜大教堂以当地的白砂石为材料。这座教堂整体呈圆形，建筑的每层都有6个拱形的门洞。报喜大教堂的5层钟塔是伊凡雷帝下令建造的，形式模仿莫斯科的伊凡大帝钟楼。

　　喀山斜塔是喀山克里姆林宫中最醒目的红色尖塔，也是喀山市著名的地标建筑。喀山斜塔共有7层，高58米，从各个方向都清晰可见。这座塔具有明显的伊斯兰建筑风格，也被称为"可汗的清真寺"。

　　这座塔被称为"斜塔"，因为它与意大利的比萨斜塔类似，这座塔明显朝东北方向倾斜。20世纪初，塔尖偏离中心点达198厘米。因此，20世纪30年代至90年代，人们不断加固这座斜塔。目前，喀山斜塔不再继续倾斜。

　　库尔·沙里夫清真寺始建于16世纪，是当时俄罗斯最大的清真寺，以华丽壮观而闻名。据考证，库尔·沙里夫清真寺修建时运用了其他地区的建造技术，但是它整体上还是以浓郁的伏尔加－保加尔风格为主。

▎库尔·沙里夫清真寺▎

　　库尔·沙里夫清真寺的重建工程于1996年开启，并于2005年7月喀山建城1000年庆典前竣工。现在，这座清真寺的主体建筑是一个带有巨大圆顶、方中带圆的建筑物。整个清真寺建筑群占地19 000平方米，四角竖立着高耸云霄的宣礼塔，能够容纳6000名信徒。库尔·沙里夫清真寺的整体建筑色彩是蓝白相间的，墙面、门窗上的所有图案都带有浓厚的伊斯兰艺术特点。这座清真寺现今主要用作伊斯兰文化博物馆，但在重要的伊斯兰教节日，会有上千名信徒前来做礼拜。

　　修斯，在喀山，我们可以看到两大宗教和睦共存的景象，东正教教堂和伊斯兰教清真寺并存，兼收并蓄。
　　　　　　　　　　　打心眼里欣赏喀山建筑的小姨
　　　　　　　　　　　2020 年 12 月 28 日

清新的空气让人放松身心 | 索契游览记

亲爱的小修斯：

　　千万不要误认为俄罗斯只有沉闷肃穆的建筑和氛围，这里也有得天独厚的舒适所在，有着深受全世界游客的喜爱的能够好好放松身心的地方。

　　索契位于黑海沿岸，宽40千米至60千米，东西长145千米，是俄罗斯最狭长的城市。索契被称为"俄罗斯的夏日之都"，是俄罗斯最受欢迎的度假胜地，城市中的道路和楼房均依山势而建。

▌从黑海望向索契▐

高加索群山挡住了南下的寒流，使得索契成为俄罗斯少数几个拥有亚热带气候的地区之一。索契的夏季气温不超过30℃，冬天气温为8℃至10℃，全年气温舒适宜人，阳光普照的日子超过250天，4月至10月都适宜下海游泳。索契的建筑以白色、浅黄色为主，给人清新放松的感觉。

上 ▌描绘索契附近的黑海景色的画作 ▌
下 ▌索契的景色和建筑 ▌

索契市里有一座十分有名的度假别墅，这就是建于1937年的斯大林绿色丛林别墅。整栋别墅通体绿色，与周边山林的颜色协调一致。这栋别墅的建筑格局呈凹字形，除大门外，其他三面环绕着二层楼房，中间有一块小草坪，一棵高大的棕榈树耸立在草坪中央，为树下的桌椅遮出一片绿荫。

斯大林别墅的室内陈设保持了斯大林时期的原样。斯大林的办公室里面摆放着他生前用过的办公桌、床铺、衣柜和一个马毛防弹沙发，办公桌上摆放的一套银器是毛泽东送给斯大林的礼物。如今，斯大林别墅不仅是博物馆，其中一部分房间已经被改造为客房，向游客开放。

索契中央植物园是当地的热门景点之一，里面栽种着1600多棵适宜亚热带气候的树木。植物园内种有一颗橘树，这棵树的树冠上嫁接了来自167个国家的橘树或柠檬树的树种，甚至有40种不同的柑橘属果树被移栽到了这里，包括中国柑橘、意大利柠檬、美国橙子、印度柚子等。而参与培育这棵树的各国代表不仅有政治家、社会活动家、文化艺术家和科技工作者，还有军事家、航天员和宗教界人士，这棵树已成为世界各国友谊的象征。

索契四季如春，但是距离索契国际机场40千米的地方坐落着俄罗斯南部最著名的滑雪运动场红波利亚纳。这里曾是2014年索契冬季奥运会滑雪项目的比赛场地。春季和夏季，四周山巅白雪依旧，林间草地百花齐放，吸引了人们来这里踏青赏雪，或在炎炎夏日享受一份难得的凉爽。这里遍布蕨类植物、槭树、山毛榉、樱桃树，这些植被随着季节变化把山岭染成绿色、红色、红褐色或金黄色。红波利亚纳也因此得名。

鼎鼎有名的《钢铁是怎样炼成的》正是尼古拉·奥斯特洛夫斯基（1904—1936）在索契写成的。索契市的保尔·柯察金街有一座奥斯特洛夫斯基故居博物馆，门牌号为"柯察金街4号"。小说主人公保尔·柯察金的原型就是作家奥斯特洛夫斯基本人，他的大部分创作生涯就是在这间屋子里度过的。

由于战争的创伤，奥斯特洛夫斯基无法亲自执笔创作，他将《钢铁是怎样炼成的》口述给他的妻子，由妻子代为整理完成。在生命的最后5个月里，奥斯特洛夫斯基在这座苏联政府赠予他的住宅中，通过广播录下了他朗诵的《钢铁是怎样炼成的》里的章节。

索契高山滑雪中心

　　奥斯特洛夫斯基故居博物馆展示着奥斯特洛夫斯基当年的生活场景，其中的家具和物品也是按照原样摆设的，他1936年去世当天的日历还挂在墙上，他收藏的大量书籍也都留存在那里。

　　　　小修斯,《钢铁是怎样炼成的》这部小说（节选）曾经出现在小姨这一代人的课本中，是学生们必修的一课。保尔·柯察金这个人物在我们这一代人中几乎无人不知，无人不晓。
　　　　俄罗斯文学、艺术方面的成就被全世界认可，评价极高。不知道你现在的课本中有没有提及俄罗斯的文学作品呢？我们接下来就说说俄罗斯灿烂的文学史吧。
　　　　　　　　想到要讨论俄罗斯文学就有点儿激动的小姨
　　　　　　　　2021年1月2日

璀璨辉煌的俄罗斯文学与艺术 I
"黄金时代"和"白银时代"

名副其实的书香之国┃热爱阅读的优良传统

爱好阅读的小修斯：

　　你在上一封信中提到，你最近对俄罗斯的文学和艺术特别感兴趣。其实，小姨我当初选择来俄罗斯留学，这里浓厚的文学艺术氛围可以算是最吸引我的因素之一。那么，我在接下来的几封信中就向你介绍一下俄罗斯的文学和艺术。

　　修斯，在谈论俄罗斯文学之前，我想先来梳理一下"俄国文学""俄罗斯文学"这两个概念。从广义说，"俄国文学"指的是所有俄语国家的文学，不仅包括俄罗斯文学，也包括诸多苏联加盟共和国的文学。1991年苏联解体后，"俄国文学"这一概念的范围缩小，仅指俄罗斯一国的文学，人们更多时候也会用"俄罗斯文学"来代替"俄国文学"。如今，人们对"俄国文学"这一概念的界定仍存在很大争议。

　　阅读是俄罗斯人的悠久传统和民族习惯，是他们生活中必不可少的一部分。在俄罗斯人看来，书籍与面包同等重要，他们用于阅读的时间远远超过他们用来吃饭的时间。

　　长期以来，俄罗斯人一直把书籍看作十分重要的精神支柱和人生导师。

　　在苏联时期，这个国家更是一度成为"全球最爱阅读的国家"。苏联解体后，俄罗斯曾经发生阅读危机，大批图书馆也因失去资金来源而无法继续经营。幸运的是，俄罗斯人正在不断回归喜爱阅读，甚至迷恋阅读的传统。

目前，15岁以下的少年儿童十分热爱阅读，他们在学校和家庭的影响下继承发扬了俄罗斯人热爱阅读的优良传统；45岁以上的中老年人是俄罗斯阅读大军的主力军，因为他们有更多的时间，也有更大的阅读兴趣。16岁至44岁的青年人和中年人受学业、考试、工作、家庭等因素影响而不得不减少阅读量，但他们依然会努力挤出时间和精力捧起书本来读。

在餐厅、咖啡馆、候机厅，俄罗斯人聚精会神地读书的身影，随处可见。每次外出，他们几乎都要带上一本厚厚的书，休闲时就坐在椅子上读书，购物排队时就站在人群中读书，乘坐公共交通工具时更是如此。就连俄罗斯城市中的地铁里灯光，也是为了配合人们的阅读习惯做出调整的。

去图书馆读书，更是俄罗斯人的日常生活方式之一。不管是城市还是乡村，图书馆在俄罗斯随处可见。在世界十大图书馆中，俄罗斯就有两座：俄罗斯国立图书馆和俄罗斯国家图书馆。

坐落在首都莫斯科的俄罗斯国立图书馆

俄罗斯国立图书馆坐落在首都莫斯科，旧称列宁图书馆，是俄罗斯最大的图书馆，也是欧洲最大的图书馆。俄罗斯国家图书馆是俄罗斯最古老的公共图书馆，也是欧洲第一座公共图书馆，同时还是俄罗斯图书馆学、目录学和图书学研究领域的中心。

自2012年起，每年4月20日晚至21日凌晨，俄罗斯都会举办"图书馆之夜"活动。在这个一年一度的"图书馆之夜"，全国各地的图书馆、书店、文学博物馆和文化中心会开放到很晚，还会举办诗歌朗诵会、书展、读者见面会、文艺演出等活动。此外，在每年的世界读书日（4月23日），俄罗斯还会举办全俄阅读活动，参加人数更是不断创历史新高。

俄罗斯人不仅爱去图书馆读书，他们也非常喜欢购买图书，他们还把家庭藏书多少看成一个人文化素养高低的重要标志。根据相关统计，俄罗斯家庭的平均藏书量达到300册，总量是全国公共图书馆藏书量的10多倍。

总之，俄罗斯是名副其实的书香之国，而阅读则是深入俄罗斯骨髓的优良传统和民族习惯。

修斯，如果从1872年《中西闻见录》创刊号刊出《俄人寓言》算起，俄国文学在中国已经传播将近150年了。《死魂灵》《罪与罚》《战争与和平》《静静的顿河》等都是大部分中国人，特别是修斯你的爷爷奶奶、爸爸妈妈这两辈人耳熟能详的俄罗斯文学巨著。普希金、陀思妥耶夫斯基、果戈理、列夫·托尔斯泰、契诃夫、高尔基等作家在中国的知名度非常高，小姨上学的时候还背诵过他们的作品呢。

正在重温俄罗斯文学经典的小姨

2021年1月7日

不可小觑的俄罗斯古代文学 I
英雄史诗《伊戈尔远征记》

> 亲爱的修斯:
>
> 　　在种类繁多的读物当中，俄罗斯人最爱阅读的正是文学作品。接下来，我们就按照时间顺序来了解一下俄罗斯文学吧。

　　俄罗斯文学大约诞生于10世纪末11世纪初。11世纪初至17世纪末，俄国文学主要使用的语言是斯拉夫语。这一时期，东正教会的教士把很多古希腊文献转译为斯拉夫语，为当时的俄国打下了文学文化的基础。

　　12世纪，俄罗斯出现了一部作者不详的古代英雄史诗：《伊戈尔远征记》。这部史诗是以古东斯拉夫语写成的，被认为俄罗斯古代文学中最伟大的作品。《伊戈尔远征记》以真实的伊戈尔远征失败为素材，刻画了伊戈尔等俄罗斯勇士的形象，表达了反对基辅罗斯公国内讧、维护国家统一的爱国主义思想。

　　在《伊戈尔远征记》成书的年代，欧洲还出现了另外3部英雄史诗，它们就是法国的《罗兰之歌》、西班牙的《熙德之歌》和德国的《尼伯龙根之歌》。这几部史诗并称欧洲中世纪的"四大英雄史诗"。

　　《伊戈尔远征记》影响了后来的很多俄罗斯文学作品和音乐作品。

　　15世纪，梁赞公国的索封尼借鉴《伊戈尔远征记》的风格，创作了脍炙人口的叙事诗《顿河彼岸之战》，盛赞打破蒙古军队不可战胜的神话的莫斯科大公德米特里·伊凡诺维奇。

在 19 世纪的"黄金时代",普希金、雷列耶夫经常使用《伊戈尔远征记》中的典故,而亚历山大·勃洛克的《在库里科沃平原上》也明显受到了《伊戈尔远征记》的影响。

许多著名的俄国诗人都曾研究或翻译《伊戈尔远征记》。

19 世纪末,俄国著名民族音乐作曲家亚历山大·鲍罗丁根据《伊戈尔远征记》创作了四幕歌剧《伊戈尔王子》。这部歌剧于 1890 年在圣彼得堡首演。

1985 年,苏联在基辅举行了纪念《伊戈远征记》问世八百周年的国际学术讨论会。

《伊戈尔远征记》的手抄本于 1795 年在雅罗斯拉夫尔的一座废弃的修道院被发现。这座修道院的修士将《伊戈尔远征记》手抄本卖给了当地学者、著名的文献收藏家阿列克谢·穆辛 – 普希金。穆辛 – 普希金立刻认识到了这部手抄本的价值,他于 1795 年至 1796 年向叶卡捷琳娜二世进献了一份复制本。1800 年,阿列克谢·穆辛 – 普希金出版了《伊戈尔远征记》印刷本,并附加了译文和注释。不幸的是,穆辛 – 普希金的图书馆在 1812 年莫斯科大火中被烧毁,《伊戈尔远征记》的手抄本也毁之一炬。

> 小修斯,我们来了解一下俄罗斯文学的"黄金时代"。
> 拿起来文学作品就废寝忘食的小姨
> 2021 年 1 月 12 日

文学巨擘辈出的“黄金时代”Ⅰ
从普希金到契诃夫

亲爱的修斯：

　　俄罗斯文学史上有两个群星璀璨的巅峰时期：“黄金时代”和“白银时代”。自19世纪初至19世纪30年代，以普希金为代表的一批作家创作了大量优秀作品，文学史上把这一时期称为俄罗斯文学的“黄金时代”。

　　说到“黄金时代”，我们第一个需要提到就是亚历山大·谢尔盖耶维奇·普希金（1799—1837）。普希金既是俄罗斯著名的诗人、剧作家、小说家、文学批评和理论家、历史学家和政论家。同时，他也是俄罗斯浪漫主义文学的杰出代表，俄罗斯现实主义文学的奠基人，现代标准俄语的创始人，19世纪上半叶俄罗斯文学领域最具声望的人物，被尊称为“俄国诗歌的太阳”“俄国文学之父”等。

　　普希金出生在莫斯科，接受了良好的贵族教育。据说，他8岁那年已经会用法语写诗了。他很喜欢听他的农奴出身的保姆讲述民间传说，这让普希金多方位领略到了丰富的俄罗斯语言和文化，也对民间的创作产生了浓厚的兴趣。

　　普希金的作品达到了内容与形式的高度统一，他的抒情诗内容丰富，感情深挚，形式灵活，结构精巧，韵律优美。他的散文和小说情节集中，结构严整，描写生动简练。普希金的代表作有诗歌《自由颂》《致大海》《致恰达耶夫》《我记得那美妙的一瞬》《青铜骑士》等，童话诗《渔夫和金鱼的故事》，诗体小说《叶甫盖尼·奥涅金》，短篇小说《黑桃皇后》，中篇小说《上尉的女儿》，等等。

普希金半身肖像

《叶甫盖尼·奥涅金》全景式展示了当时俄国社会的全貌，堪称"俄国生活的百科全书"。这是俄罗斯第一部现实主义作品，塑造了奥涅金这个"多余人"的形象，突出反映19世纪20年代俄国黑暗的社会现实和知识分子追求光明、自由时的困惑、迷惘的心理。在这部作品中，普希金以精湛的现实主义艺术手法塑造了典型环境中的典型人物，通过他们的生活和遭遇，展现了俄罗斯帝国当时的社会生活的广阔画面，揭示了沙皇专制制度下俄罗斯社会生活的种种矛盾和丑恶。

1836年，普希金创办了文学杂志《现代人》，吸纳了一大批先进作家为编辑，培养了一大批新人作家。

1837年1月，普希金为了妻子娜塔丽娅·尼古拉耶夫娜·冈察洛娃，与法国籍宪兵队长丹特斯决斗。普希金在这场决斗中腹部受伤，两天后不治身亡，年仅38岁。同时代的俄罗斯作家感叹普希金不幸离世代表着"俄国诗歌的太阳陨落"。

不仅与普希金同时代的人喜爱普希金，普希金的作品如今依然被全世界的文学评论家、爱好者奉为思想性最崇高、文学性最完美的作品。

描绘普希金和丹特斯决斗的画作

　　果戈理是尼古莱·瓦西里耶维奇·果戈理·亚诺夫斯基的笔名，他是俄国批判现实主义文学的奠基人之一。

果戈理半身肖像

果戈理比普希金小10岁，他从小就对文学，特别是戏剧深感兴趣。他认为文学是为人类服务的高尚事业。果戈理20岁那年与仰慕已久的普希金相识，二人很快成为好友。果戈理在出版《狄康卡近乡夜话》后，获得了良好的声誉。后来，他又出版了小说集《密尔格拉得》和《小品集》，这两部作品标志着果戈理的写作风格从浪漫主义过渡到了现实主义。

1835年，果戈理创作了剧本《结婚》，揭示了当时的婚姻中的等级观念和金钱关系导致的问题。此后，他创作的讽刺喜剧《钦差大臣》和小说《死魂灵》则成为他的代表作。《钦差大臣》是一部五幕喜剧，这是果戈理根据普希金提供的荒诞见闻而创作出来的，主人公是一个"假钦差"——真骗子，实际上讲的是当时官场的黑暗面。《死魂灵》是中国读者非常熟悉的作品，抨击了俄国的农奴制，一经出版就在俄罗斯引发了巨大反响。

1852年，果戈理烧掉《死魂灵》第二卷的手稿，不久后去世。而后人所看到的《死魂灵》第二卷，是出版商根据他遗留下的残稿整理出版的。

油画《果戈理焚稿》（列宾作）

▌莱蒙托夫半身肖像▐

　　米哈伊尔·尤里耶维奇·莱蒙托夫（1814—1841）是俄罗斯文学史上继普希金之后的第二大诗人，也是俄罗斯文学中心理分析现实主义的开山鼻祖。他不仅是伟大的诗人，也是伟大的散文作家和戏剧家。

　　莱蒙托夫天资聪颖，自幼受到良好的教育，通晓多种外语，在艺术方面也很有天分。他从15岁开始写诗。1837年，他为普希金之死创作的诗歌《诗人之死》名震文坛。由于反抗沙皇的专制统治，莱蒙托夫屡遭流放，最后死于一场有预谋的决斗，年仅27岁。

　　在短短13年的创作生涯里，莱蒙托夫一共写下了400多首抒情诗，名篇有《帆》《浮云》《祖国》此外，莱蒙托夫的代表作还有长诗《恶魔》《童僧》，剧本《假面舞会》，长篇小说《当代英雄》，等等。

　　莱蒙托夫把热爱祖国和歌颂自由作为文学创作的主题，沉郁中有刚劲，既能出色地运用浪漫主义，又擅长现实主义描写。

　　不仅如此，莱蒙托夫自幼痴迷绘画，也极有绘画天分。在被流放的日子里，他的艺术天分充分展现出来。他的绘画作品主要是水彩画、油画和素描，其中又以高加索题材的画为最佳。

莱蒙托夫的画作

　　伊万·谢尔盖耶维奇·屠格涅夫（1818—1883）是果戈理之后的俄罗斯批判现实主义作家。他的作品主要包括长篇小说《罗亭》《贵族之家》《前夜》《父与子》《处女地》，中篇小说《阿霞》《初恋》，随笔《猎人笔记》等。

　　屠格涅夫出生在一个俄罗斯贵族家庭，但他自幼就非常厌恶农奴制。

　　自1847年起，屠格涅夫开始为《现代人》撰稿。《现代人》就是那本普希金创办的杂志。也正是从这时候开始，屠格涅夫创作的旺盛时期开始了，他陆续写下了我们上面提到的作品。他的小说同样多是控诉农奴制，表达对美好自由生活的向往。随笔《猎人笔记》的文笔飘逸脱俗，被公认为优美散文的范本。

　　《父与子》是屠格涅夫的代表作，也是第一部在西方国家有显著地位的俄罗斯文学作品。这部作品以其生动的艺术形象和高度简洁的语言，在俄国，乃至世界文学史上确立了无可替代的地位，被视为"俄罗斯文学中最浓缩、最紧凑的长篇小说"。《父与子》的主人公是平民知识分子巴扎罗夫，他坚强、沉着、自信、重视实际行动，专心科学实验，但他否定艺术、诗歌和人的内心感情，特别是爱情，可是他违背了自己的信念，真心实意地爱上了贵族妇女奥金佐娃。他企图克制自己的浪漫倾向，用尽一切力量压制了自身的天性。

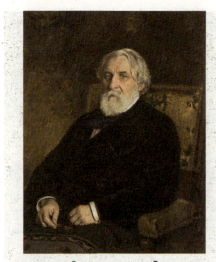
屠格涅夫肖像

在《父与子》中，巴扎罗夫向奥金佐娃表达了自己对她的爱意，但遭到了她的拒绝。巴扎罗夫因爱情失败而变得多疑悲观，带着未遂之志，憾恨地离开了人世。《父与子》的主题是父辈与子辈的冲突，父与子的冲突突出表现在父亲帕维尔和儿子巴扎罗夫之间的对立上。由此，作者在巴扎罗夫身上塑造了时代新人的形象。

陀思妥耶夫斯基认为屠格涅夫是"俄罗斯语言的巨匠"。高尔基则认为："未来的文学史专家谈及俄罗斯语言发展时，一定会说这种语言是普希金、屠格涅夫和契诃夫创造的。"

费奥多尔·米哈伊洛维奇·陀思妥耶夫斯基（1821—1881）是19世纪群星灿烂的俄国文坛上一颗耀眼的明星，与列夫·托尔斯泰、屠格涅夫等人齐名，是俄国文学的卓越代表，他所走过的是一条极为艰辛复杂的生活与创作道路，是俄国文学史上最复杂、最矛盾的作家之一。有人说："（列夫·）托尔斯泰代表了俄罗斯文学的广度，陀思妥耶夫斯基则代表了俄罗斯文学的深度。"

1845年，陀思妥耶夫斯基写出他的处女作——书信体小说《穷人》。1846年1月，《穷人》连载于期刊《彼得堡文集》，受到俄国文学界的关注和好评。他曾因参加反农奴制的活动而被流放到西伯利亚。

陀思妥耶夫斯基肖像

　　此后，陀思妥耶夫斯基又创作并发表了《被侮辱和被损害的》《罪与罚》《白痴》《群魔》《卡拉马佐夫兄弟》等作品。

　　陀思妥耶夫斯基的作品的特点是：戏剧冲突强，情节推进节奏快。另外，他非常擅长心理描写，因此他偏爱选择一些激烈的极端事件作为小说的题材，以展现人在危急时刻的心理状态。在当时的环境下，这样的写作手法能够更深刻地表现出资产阶级关系的纷乱复杂。

　　如果只能选择一部作品来代表陀思妥耶夫斯基，我想许多人都会选择他的代表作《罪与罚》。这部小说的主人公大学生拉斯柯尔尼科夫生活窘迫至极，他杀害了离他住处不远的放高利贷的当铺老板娘和老板娘的妹妹。拉斯柯尔尼科夫似乎逃过了警察的怀疑，但是他自从犯下这桩可怕的谋杀案后，良心的拷问和良知的质询让他无法承受。最终，他在索尼娅的劝说下，向警察自首，被流放到西伯利亚。这部小说中的心理描写细致而精彩，完全表现了拉斯柯尔尼科夫的紧张、自我安慰、忐忑、矛盾、忏悔、恐惧、痛苦等复杂情绪，是一部经典的社会心理小说。

列夫·尼古拉耶维奇·托尔斯泰（1828—1910）是19世纪中期著名俄国批判现实主义作家、思想家、哲学家，被认为世界上最伟大的作家之一。他的代表作包括《战争与和平》《安娜·卡列尼娜》《复活》。作为杰出的艺术巨匠，托尔斯泰有三大创作特点：最清醒的现实主义，卓越的心理描写，非凡的艺术表现力。

1863 年至 1869 年，列夫·托尔斯泰创作了长篇历史小说《战争与和平》。这部小说的背景是 1812 年的拿破仑征俄战争。列夫·托尔斯泰用两条线索交叉描写了战争与和平这两种生活方式，赞扬了俄国人民在这场战争中表现出来的爱国热情和英雄主义。

他的第二部里程碑式巨著《安娜·卡列尼娜》则是通过 12 次修改才定稿的。《安娜·卡列尼娜》这部长篇小说主要有两条情节线：年轻的贵族太太安娜·卡列尼娜追求爱情幸福，但最终结局悲惨；庄园主列文反对土地私有制，同情贫苦的农民，但又始终无法摆脱贵族的习气，因此陷入无法挣脱的矛盾中。小说通过两条主线的交织，描绘了莫斯科和外省乡村的广阔场景，引出众多出场人物，同时

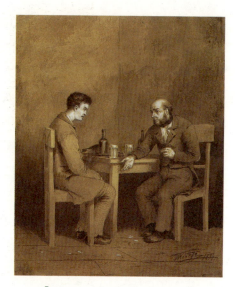

| 《罪与罚》1874 年版插画 |

| 1908 年 5 月的列夫·托尔斯泰 |

也刻画出新旧交替时期既紧张又惶恐的俄国社会，是一部社会百科全书式作品。

《复活》是列夫·托尔斯泰晚年的代表作和最后一部小说，也是他长期进行思想和艺术探索的总结。这一时期，列夫·托尔斯泰的世界观已经发生了激变，抛弃了上层地主贵族阶层的传统观念，用农民的眼光重新审视各种社会现象。列夫·托尔斯泰希望通过这部小说暴露被制度化的教会的伪善。

列夫·托尔斯泰是俄罗斯声名显赫的托尔斯泰家族最有影响力的人物。托尔斯泰家族曾经侍奉过莫斯科大公瓦西里二世。自此，托尔斯泰家族在俄罗斯的政治、军事、历史、文学、艺术等领域产生了重要影响。如：亚历山大·伊万诺维奇·奥斯特曼·托尔斯泰（1770—1857）是1812年俄国卫国战争中的独臂英雄。阿列克谢·康斯坦丁诺维奇·托尔斯泰伯爵（1817—1875）是俄国小说家、诗人、戏剧家，著有历史小说《谢列勃良内公爵》，历史剧三部曲《伊凡雷帝之死》《沙皇费多尔·伊凡诺维奇》《沙皇鲍里斯》。阿列克谢·尼古拉耶维奇·托尔斯泰（1883—1945）是苏联著名作家，以创作历史小说和科幻小说出名。

克拉姆斯柯依的画作《无名女郎》，据说画的就是安娜·卡列尼娜

《复活》场景画

安东·巴甫洛维奇·契诃夫（1860—1904）是俄国文学黄金时代最后一位批判现实主义艺术大师，擅长创作短篇小说，与法国作家莫泊桑、美国作家欧·亨利并称"世界三大短篇小说家"。同时，契诃夫也是一位剧作家，他的剧作对20世纪的戏剧产生了重大影响。

他坚持现实主义传统，也继承了批判现实主义的特性，注重描写俄国中等阶层人民的平凡生活，塑造具有典型性格的小人物，借此忠实反映了当时俄国社会反动统治阶级的残暴，抨击了沙皇的专制制度。他的作品有三大特征：对丑恶现象的嘲笑，对贫苦人民的深切的同情，以及作品的幽默性和艺术性。

契诃夫的文字中蕴含着强烈的幽默感，篇幅不长的故事情节紧凑，语言简洁精确，这样的风格能够给读者留下更大的想象余地和思考余地。不论小说还是戏剧，他都坚持现实主义的风格，并且偏爱描写人民的日常生活，特别喜欢聚焦在中等阶层小人物的身上，替他们道出生活和工作场合遇到的种种困惑，借此真实反映出当时俄国社会的状况。

契诃夫半身肖像

契诃夫的代表作有短篇小说《套中人》《小公务员之死》《变色龙》《给博学的邻居的一封信》，剧作《伊凡诺夫》《万尼亚舅舅》《海鸥》《三姐妹》《樱桃园》，等等。契诃夫的短篇小说不仅被中国读者熟悉，也被全世界的读者喜爱。他的剧作更是戏剧爱好者心目中的经典之作，不断在世界各地的剧院上演着，经久不衰。

　　修斯，这封信终于写完了，我觉得它应该是你迄今为止收到的最长的信了。小姨也没想到会写这么多，但是"黄金时代"的俄罗斯文学可以写的东西太多了。

写作灵感像打开的水龙头一样哗哗流出的小姨

2021 年 1 月 18 日

语言课┃修斯的俄语时间 III

亲爱的小修斯：

　　圣彼得堡涅瓦大街西端尽头是普希金咖啡厅。正是在这家咖啡厅，普希金喝完他人生中最后一杯咖啡，然后去了决斗的地方。

Если жизнь тебя обманет　　　　假如生活欺骗了你

Если жизнь тебя обманет,　　　　　假如生活欺骗了你，

Не печалься, не сердись!　　　　　不要悲伤，也不要气愤！

В день уныния смирись:　　　　　　忧郁的日子里要镇静。

День веселья, верь, настанет.　　　相信吧，快乐的日子将会来临，

Сердце в будущем живёт;　　　　　心儿把希望寄托给未来，

Настоящее уныло:　　　　　　　　　眼前的事情虽让人愁苦，

Все мгновенно, все пройдёт;　　　　但一切都会过去，

Что пройдёт, то будет мило.　　　　一过去，生活又充满欢笑。

　　修斯，你学过了俄语字母表，试着读一读这首非常具有代表性的俄罗斯诗歌吧。

脚踏实地地迈向诗和远方的小姨

2021 年 1 月 22 日

俄罗斯文学史上第二个高峰┃
"白银时代"和新思潮

亲爱的修斯：

19世纪末至20世纪20年代，俄罗斯文学进入第二个创作高峰期，这就是人们常说的"白银时代"。

相对于传统的俄语文学创作，"白银时代"的文学创作更有现代性和创新性。人们一般认为，俄罗斯文学上的"白银时代"主要有三个文学流派：象征主义、阿克梅派和未来主义。

俄国象征主义的先驱为哲学家弗拉基米尔·索洛维约夫，他创立了"万物统一哲学"的体系，追求个人主义与神秘原则的结合。

德米特里·梅列日科夫斯基、季娜依达·吉皮乌斯（德米特里·梅列日科夫斯基的妻子）、索洛古勃·费奥尔多·库兹明（捷列尔尼科夫）、瓦列里·雅科夫列维奇·勃留索夫等人被称为第一代象征主义者。安德烈·别雷和亚历山大·勃洛克等被称为第二代象征主义者。象征主义者以带有神秘色彩的诗歌表达自身对自然和生活的感受。

阿克梅派是从象征主义演变而来的。以尼古拉·古米廖夫和谢尔盖·戈罗杰茨基为首的年轻诗人，一方面学习象征主义诗人的创作技巧，另一方面力求避开象征主义诗作中的神秘成分。他们致力于用完美简洁的形式来表达自身对自然和生活的颂扬。

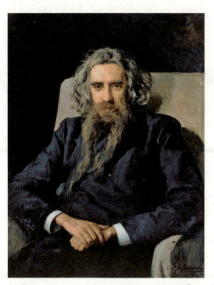

弗拉基米尔·索洛维约夫肖像

　　1911年，圣彼得堡诗人谢维里亚宁发表《自我未来主义序幕》，宣告了未来主义的诞生。未来主义作家全面否定传统文学的价值，提倡采用全新的内容和形式进行创作。

　　大卫·大卫杜维奇·伯柳克（1882—1967）是俄罗斯和乌克兰的诗人、艺术家、宣传家和图书插画家，被俄罗斯和乌克兰誉为"未来主义之父"。

　　　修斯，"白银时代"也是俄罗斯文学史上一个文学家辈出的时代。不过，我对它的了解远远不如"黄金时代"。就先说这些吧。

对"白银时代"知之甚少的小姨

2021 年 1 月 28 日

社会主义的现实主义文学┃苏联文学

亲爱的修斯：

　　苏联成立之后，社会主义的现实主义文学占据了俄罗斯文学主导地位。高尔基、奥斯特洛夫斯基、肖洛霍夫等都是我们中国读者熟知的苏联作家。

　　马克西姆·高尔基（1868—1936）原名阿列克赛·马克西姆维奇·别什可夫，是社会主义现实主义文学的奠基人、政治活动家和苏联文学的创始人。

┃高尔基肖像┃

高尔基出生在一个木匠家庭，父亲早逝，他跟着母亲一起在外祖父家度过了童年时光。从10岁开始，高尔基就独立谋生，他先后当过学徒、搬运工、看门人、面包工人等，切身体验了底层劳动人民的苦难。他一边为生活奔波，一边发奋读书，探求着改造社会的真理。

　　高尔基在寻求真理和改造社会的过程中，阅读了马克思的著作，投身于革命活动。1901年，高尔基写下《海燕之歌》（后来更名为《海燕》）。这首散文诗，小姨特别熟悉，是我们语文课里的必背篇目。"让暴风雨来得更猛烈些吧！"这句话也是我面对困难时用来鼓励自己的话。

　　高尔基一生笔耕不辍，曾创作并发表各种题材的文学作品，包括小说、诗歌、戏剧、论文、报告文学等。其中，三部曲《童年》《在人间》《我的大学》是高尔基的代表作。这三部自传体小说为我们描绘了一个精彩纷呈的精神世界。高尔基通过一个渐渐长大的孩子的眼光来观察和了解周围的世界，让我们看到了一个富有同情心、坚韧不拔的青少年形象。主人公在成长期遇到的种种难题和经受的各种心理考验，让读者觉得无比亲切感人。

　　尼古拉·阿列克谢耶维奇·奥斯特洛夫斯基（1904—1936）是苏联著名无产阶级革命家、作家、布尔什维克战士。他的代表作是自传体长篇小说《钢铁是怎样炼成的》。我在介绍索契时谈到过他。

｜奥斯特洛夫斯基肖像｜

奥斯特洛夫斯基出生在俄罗斯帝国晚期的一个工人家庭。因家境贫寒，他从11岁就开始当童工。1919年，奥斯特洛夫斯基加入苏俄共青团并参加红军同反动势力的战争。1924年，他加入苏联共产党。1927年，奥斯特洛夫斯基因病全身瘫痪，双目失明。

在同病魔抗争期间，他以惊人的毅力创作了长篇自传体小说《钢铁是怎样炼成的》和《暴风雨所诞生的》，描写苏联青年在革命熔炉中锻炼成长的经历。

其中，《钢铁是怎样炼成的》早在1942年就被译成了中文，主人公保尔·柯察金成为中国青年的学习榜样。

在创作《钢铁是怎样炼成的》这部不朽杰作时，奥斯特洛夫斯基已双目失明，也无法书写。在秘书和打字员的协助之下，他通过口述创作了《钢铁是怎样炼成的》。坚韧不屈的小说主人公保尔·柯察金几乎就是他本人的化身。

在这部小说中，保尔·柯察金在家乡的烈士墓前做了一段独白。这段独白多年来一直入选我们的初中课本，成为无数中国青年的座右铭：

> 人，最宝贵的是生命。生命对每个人只有一次。这仅有的一次生命应当怎样度过呢？每当回忆往事的时候，能够不为虚度年华而悔恨，不为碌碌无为而羞愧；在临死的时候，他能够说："我的整个生命和全部精力，都已经献给了世界上最壮丽的事业——为人类解放而进行的斗争。"

修斯，保尔·柯察金的独白，小姨至今依然能够背诵出来。

在留学生涯中，我曾去过奥斯特洛夫斯基位于索契的故居。在那里，我细细参观了每个房间，还在门口的名册上留下了一段心得文字。这真是一次难得的经历。

米哈伊尔·亚历山大罗维奇·肖洛霍夫（1905—1984）是苏联文学的杰出代表，1965年诺贝尔文学奖得主，苏联著名作家，曾获得列宁勋章和"社会主义劳动英雄"称号，当选过苏共中央委员、苏联最高苏维埃代表、科学院院士、苏联作家协会理事。

1922年，肖洛霍夫在莫斯科加入了"青年近卫军"，成为苏联无产阶级作家组织的一员。1923年至1924年，他发表了杂文《考验》《三》《钦差》，并出版了第一部短篇小说《胎记》。

1924年，肖洛霍夫开始创作《静静的顿河》。1928年，苏联的《十月》杂志连载了《静静的顿河》第一部分，立刻受到了国内外的瞩目。年仅25岁的肖洛霍夫声名鹊起，一跃成为世界级作家。

1940年，肖洛霍夫最终完成了《静静的顿河》，前后共历时12年。

1965年，肖洛霍夫凭借《静静的顿河》荣获诺贝尔文学奖，获奖原因是："他在这部描绘顿河的史诗级作品中，以艺术家的力量和正直表现了俄罗斯人民生活中具有历史意义的面貌。"

1999年，《静静的顿河》的手稿被发现存放在肖洛霍夫密友库达绍夫的远亲家中。当时，俄罗斯总统普京命令财政部以50万美元购得了这部手稿。经俄罗斯文献鉴定专家委员会鉴定，该手稿确为肖洛霍夫手迹。这部手稿目前珍藏于"高尔基世界文学研究所"。

联合国教科文组织把肖洛霍夫100周年诞辰的2005年命名为"肖洛霍夫年"。

修斯，小姨今天提到的文学家的作品，你读过吗？我建议你一定要抽时间读读它们。

深刻体会到"读万卷书，行万里路"真谛的小姨

2021年2月2日

"俄罗斯的格林童话" ┃ 亚历山大·格林和《红帆》

> 热爱阅读的修斯：
>
> 关于俄罗斯文学，你可能已经发现了一个有趣的现象：书名通常简短又好记，比如《青铜骑士》《战争与和平》，但无论作者的名字还是主人公的名字，翻译成中文都很长，甚至会影响我们阅读。
>
> 我们今天要聊的这位作家就是这样的。他就是俄罗斯家喻户晓的亚历山大·斯杰潘诺维奇·格林涅夫斯基，他的代表作就是赫赫有名的"俄罗斯的格林童话"《红帆》。

亚历山大·斯杰潘诺维奇·格林涅夫斯基（1880—1932）是一位擅长寓言性、象征性故事和长篇小说体裁的大师。他的作品多以海洋、冒险和爱情为主题，带有强烈的浪漫风格和神秘色彩。

这位作家的名字是不是非常难记？别担心，他的笔名是亚历山大·格林。我们可以叫他"俄罗斯的格林"。

亚历山大·格林从小就喜欢冒险小说，中学毕业后因家境贫寒而没有继续深造。16岁那年，他开始了居无定所的流浪生活，做过很多工作，比如水手、渔夫、淘金工、铁匠、士兵。但更多的时候，他处于失业的窘境，不得不靠父亲接济过日子。不平凡的经历，为他提供了丰富的创作素材。

1909年，亚历山大·格林发表了第一部带有浪漫风格的短篇小说《列诺岛》。1912年，他开始在《火线》杂志上发表文章，并着手创作中篇小说《红帆》。

亚历山大·斯杰潘诺维奇·格林涅夫斯基肖像

1923年，具有自传色彩的《红帆》问世。《红帆》讲述的是纯真美丽的姑娘阿索丽追求幸福的曲折人生经历。

阿索丽自幼丧母，她和曾经当过水手的父亲相依为命，靠售卖父亲制作的各种船只模型维持生计。父亲曾给阿索丽制造了一艘扬着红帆的白色小船。在一次送货途中，阿索丽遇见了魔法师艾格尔。这位魔法师告诉她，等她长大了，一定会有一位王子驾驶着扬着红帆的白船来迎接她。从此，阿索丽的内心燃起了对幸福生活的无限希望，她对魔法师所说的帆船深信不疑。她时常来到海边，期盼那艘扬着红帆的白船向她驶来。她坚信幸福一定会来到。

在世界另一端，有个名叫格雷的王子，他厌倦了平淡的日子，决定驾驶着他的"秘密号"帆船周游世界。一个偶然的机会，格雷来到了阿索丽生活的小渔村。他发现极其可爱的阿索丽躺在岸边的斜坡上睡着了。他看得入神，深深爱上了她。格雷从人们口中得知了阿索丽的梦想。他悄悄买了2000米红绸，制成一面巨大的红帆，并把船身漆成了白色。

有一天，阿索丽终于看到了期盼已久的场景。渐渐驶来的红帆船头，站立着一位年轻英俊的王子……当他们相见时，阿索丽说："你和我想象中的完全一样。"格雷回复说："我的宝贝，你也是！"

《红帆》初版封面

最后，阿索丽告别伙伴们，登上了扬着红帆的白船，与格雷一齐驶向了幸福的彼岸。

《红帆》讲述了一个富有传奇色彩的浪漫爱情故事，饱含人们对生活的热爱，鼓励人们，尤其是年轻人，要对生活充满希望，用勤劳的双手和诚挚的信念创造奇迹。莫斯科电影制片厂于1961年把这部小说拍成了同名电影，以它为蓝本的同名芭蕾舞剧也不断在世界各地上演。

"红帆"如今在俄罗斯是一切美好事物的象征，是"幸福"和"希望"的同义词。年轻人充满希望，乘着梦想中的红帆，驶向幸福的彼岸。

每年夏至日前最后一个周五的夜晚，俄罗斯最浪漫、最迷人的地方非圣彼得堡莫属。这时适逢俄罗斯中学毕业季，当天又几乎不会天黑，绝对是狂欢庆祝、尽情挥洒青春的好时机。圣彼得堡的中学生毕业日有一个很好听的名字——红帆节。红帆节得名于《红帆》，创立于1969年，20世纪90年代一度停办，2004年在圣彼得堡市政府的努力下恢复举办。红帆节当天，成千上万名对未来充满希望的圣彼得堡中学毕业生，挤满宫殿广场和涅瓦河两岸。庆祝活动分别在陆地和水上进行。陆地活动集中在宫殿广场和涅瓦河两岸。平时车流如织的冬宫桥此时变成了"步行街"，桥舷两旁挂着印有"红帆"的宣传画。节日现场音乐激昂，礼花齐放，欢呼声雷鸣般回荡在城市上空。当烟雾散去、音乐渐息时，一艘三桅大船扬着鲜红的风帆，悬挂着俄罗斯国旗，缓缓驶入人们的视线，将红帆节活动推向高潮。这一天，圣彼得堡是一片欢腾的海洋，中学毕业生在黎明来临之际迎接人生的新阶段，自信地走向成年，走进高等学府或者工作岗位。2000年，为了纪念亚历山大·格林120周年诞辰，俄罗斯设立了亚历山大·格林奖，以表彰为青少年创作带有浪漫气息、充满美好希望的作品。

圣彼得堡红帆节的三桅大船

修斯，格林以奇妙的想象在《红帆》中创造了一个美丽世界，苏联著名文艺评论家泽林斯基以格林的名字创造了新词"格林奇境"。

有幸观赏红帆节盛况的小姨

2021 年 2 月 9 日

享誉世界的音乐家┃
格林卡、柴可夫斯基、拉赫玛尼诺夫等

亲爱的修斯：

　　丰富的俄罗斯文化不仅培育出众多大文学家，也孕育出无数杰出音乐家。我们今天就简单了解一下其中几位著名的世界级俄罗斯音乐家吧。

　　米哈伊尔·伊万诺维奇·格林卡（1804—1857）是俄罗斯著名作曲家，第一个获得广泛声誉的俄国作曲家，对后来的俄罗斯音乐创作，特别是对俄国浪漫乐派强力集团有重要影响，被誉为俄国交响乐的奠基人。曾经被用作俄罗斯国歌的《爱国歌》就是格林卡的作品。

格林卡晚年半身肖像┃

格林卡在13岁那年到圣彼得堡学习并开始接触音乐，后来曾到意大利、奥地利等国家和地区游历学习。他将俄罗斯民族色彩与西欧技法结合在一起，成为"俄国古典音乐之父"，代表作有《伊万·苏萨宁》和《鲁斯兰与柳德米拉》。

1836年，格林卡的首部歌剧《伊凡·苏萨宁》在圣彼得堡大剧院上演，国内和国外都获得了很高的评价。这部歌剧讲述了17世纪俄罗斯举国奋起抗击波兰侵略者时的一个故事：一支波兰军队突然出现在农民苏萨宁居住的村庄，胁迫苏萨宁带领他们抄近路赶赴莫斯科，苏萨宁把敌人引入荒无人迹的森林，最后与波兰人同归于尽。苏萨宁这个民族英雄形象全面表现了俄罗斯人民英勇不屈的爱国主义精神。这部歌剧的终场曲就是《爱国歌》。

格林卡的第二部歌剧《鲁斯兰与柳德米拉》创作于1842年，同年在圣彼得堡首演。这部歌剧讲述了一个古老的传说：武士鲁斯兰和公主柳德米拉举行婚礼后，公主被邪恶的魔法师劫走，鲁斯兰用勇气和智慧救出公主，获得了幸福。这部歌剧的序曲写得尤其出色，充满明朗的色彩、欢乐的情绪和英勇果敢的精神，至今仍然是经常上演的剧目。此外，这部歌剧还被改编为各种形式的轻音乐。这部歌剧在俄罗斯管弦乐发展史上占有很重要的地位。

创作中的格林卡（列宾作）

彼得·伊里奇·柴可夫斯基（1840—1893）是19世纪世界上最重要的音乐家之一。他是一位全方位的旋律奇才，他创作的歌剧、芭蕾舞剧经久不衰，他创作的交响曲、协奏曲等也多被奉为经典。他的代表作有芭蕾舞剧《天鹅湖》《睡美人》《胡桃夹子》，歌剧《叶甫盖尼·奥涅金》，交响曲《第六交响曲》，等等。

《天鹅湖》《睡美人》《胡桃夹子》都是世界芭蕾舞剧中的经典之作，至今仍不断在世界各地上演。柴可夫斯基对芭蕾舞剧音乐进行了许多革新，赋予芭蕾舞剧音乐以交响性，使之更富于戏剧性，大大提高了芭蕾舞剧音乐的表现力，使之成为无言歌剧。

《第六交响曲》亦称《悲怆交响曲》，是柴可夫斯基生前最后一部作品。此曲是柴可夫斯基悲剧性交响曲创作的高峰。全曲经过激烈的戏剧性冲突和对生活的美好憧憬之后，以悲剧结束。

关于芭蕾剧《胡桃夹子》的插画

谢尔盖·瓦西里耶维奇·拉赫玛尼诺夫（1873—1943）是20世纪世界著名的古典音乐作曲家、钢琴家和指挥家，代表作有《第二钢琴协奏曲》《第三钢琴协奏曲》《第二交响曲》《第三交响曲》《帕格尼尼主题狂想曲》。

《第二钢琴协奏曲》被誉为拉赫玛尼诺夫的"最高杰作"，广受世人喜爱。这首乐曲充满浪漫情趣，经常被填上歌词演唱，或被改编为其他流行音乐，广为流传。

1934年，拉赫玛尼诺夫创作了他晚年最重要的作品《帕格尼尼主题狂想曲》。这部作品取材于意大利小提琴家帕格尼尼的《二十四首小提琴随想曲》，拉赫玛尼诺夫把第24首随想曲改编成了单乐章的钢琴与乐队曲。这首乐曲技巧复杂精深，气势辉煌，成为19世纪浪漫主义音乐炫技派的代表作。

苏联时期最伟大的作曲家是德米特里·德米特里耶维奇·肖斯塔科维奇。

他有多伟大呢？有人说他是20世纪最伟大的作曲家，有人说他是"20世纪的贝多芬"。同时代的听众和同侪每时每刻都在期待他创作出新作品，想象他的新作品会以什么形式出现，而他也从未让大家失望，不断推出风格迥异的优美作品。

可以说，音符就是肖斯塔科维奇的"武器"。在动荡不安的战争岁月，他不仅是一名作曲家，还是一名"战士"。

1941年9月9日，纳粹德国的军队包围了列宁格勒。

肖斯塔科维奇纪念邮票

1942年，肖斯塔科维奇创作并成功演奏了《C大调第七交响曲》，让全世界通过这部音乐作品看到了苏联人民抗击法西斯的顽强斗志。现在，代表联合国的《联合国进行曲》的旋律就是肖斯塔科维奇的《C大调第七交响曲》。

伊戈尔·克鲁托伊（1954— ）是目前俄罗斯家喻户晓的作曲家和钢琴家。他创作并演奏的现代浪漫钢琴曲，深受世界人民追捧。他的音乐恰到好处，细腻优美，悲情而不伤神，任何情绪在他的音乐里只是流淌的节奏，不停流，也不停留。

《悲伤天使》是伊戈尔·克鲁托伊代表作之一。这首钢琴曲的音乐动人心弦，近乎完美的MV刻画的是一个备受岁月摧残而略带沧桑的落寞男子，在一个寻常的午后坐在一家寻常的咖啡厅的窗前，窗外是一幕幕寻常而又异乎寻常的人生戏剧：一个曼妙少女的寻觅和等待吸引着他的注意力，主旋律略带兴奋地从钢琴中滑落出来，画面延伸着爱的唯美。感悟催化出灵感——不仅是音乐的，更是生命的灵感。管弦乐将主旋律巧妙地置换了过去。……

伊戈尔·克鲁托伊本人对《悲伤天使》的诠释为：生活是一种连续的影响，每个小人物都有小人物的伟大故事。

克鲁托伊以旁观者的视角看待他人的生活，他看到形形色色的人过着不同的生活。当我们静下心来注意身边的风景时，也会用不一样的方式表达同样的心情。悲伤来临的时候，我们内心深处都住着天使，用最干净的眸子看待世界。生活仍在继续，我们应该抱着积极的心态面对它。

修斯，俄罗斯音乐的养分源自民间，同时深受东正教唱诗音乐的影响，常常以悠远深沉的曲调来叙述故事。我们重温俄罗斯经典乐曲，如《喀秋莎》《莫斯科郊外的晚上》，就能细细体会到这一特点。

对音乐说不上内行的小姨
2021 年 2 月 15 日

三大油画国度之一 | 源远流长的俄罗斯绘画

亲爱的修斯：

　　与享誉全球的俄罗斯音乐相比，俄罗斯绘画可以说更胜一筹。尤其是俄罗斯油画，作为世界油画艺术的重要组成部分，在世界美术史上占有独特而崇高的地位，俄罗斯与法国、意大利并称三大油画国度。

　　俄罗斯画家的名字常常被用来命名城市街道和行星，他们的作品展总是吸引俄罗斯当地和世界各地游客前往收藏它们的画廊或博物馆。那么，俄罗斯人最钟爱的俄罗斯画家有哪些呢？

　　安德烈·卢勃廖夫（1360—1428）是最著名的俄罗斯圣像画家。人们对他的生平知之甚少。人们只知道他是一位修士，将毕生精力奉献给了俄罗斯东正教会和绘制圣像画。他创作的《三圣像》被视为俄罗斯绘画的精神象征。此外，人们至今依然能看到他为弗拉基米尔市的圣母升天大教堂绘制的壁画。

　　卡尔·布留洛夫（1799—1852）是最早蜚声国际的俄罗斯画家之一。他的不朽之作《庞培城的末日》在巴黎博览会上获得金奖，这让他在欧洲和俄罗斯享有盛誉。不过，布留洛夫首先是一位肖像画家，他创作的《女骑手》至今依然是莫斯科特列季亚科夫画廊的重要展品之一。

　　伊凡·艾瓦佐夫斯基（1817—1900）是著名的海景大师。他是一位极为高产的画家，生前留下的画作达6000多幅，《彩虹》《九级浪》《黑海》《博斯普鲁斯海峡的月夜》都是他的代表作。

安德烈·卢勃廖夫的名画《三圣像》

卡尔·布留洛夫的代表作《庞培城的末日》

卡尔·布留洛夫的肖像画《女骑手》

伊凡·艾瓦佐夫斯基的代表作《彩虹》

伊凡·艾瓦佐夫斯基的代表作《九级浪》

　　现实主义画家阿列克谢·萨夫拉索夫（1830—1897）是俄罗斯绘画抒情风景流派的创始人。他的作品充满了个人对自然的亲密感知，他的代表作《白嘴鸦飞回来了》是俄罗斯绘画史上最著名的风景画。俄罗斯每所学校的学生都必须写一篇关于这幅画的作文，所以俄罗斯人从童年起就知道这幅绘画作品。《白嘴鸦飞回来了》如此受欢迎，以至于萨夫拉索夫有时被称为"一幅画画家"，因为他的其他代表作均未超越这幅作品。

　　伊万·希施金（1832—1898）是全俄民意研究中心的评比调查中知名度和熟识度位居第一的俄罗斯画家。他是俄罗斯儿童最早了解的画家之一。俄罗斯有种非常受欢迎的巧克力糖果——名叫熊趾熊，这种糖果的包装纸上就绘有希施金的代表作《松林的早晨》。

阿列克谢·萨夫拉索夫的代表作《白嘴鸦飞回来了》

伊万·希施金肖像

伊万·希施金的代表作《松林的早晨》

　　伊利亚·列宾（1844—1930）是俄罗斯最伟大的现实主义画家，他创造了表现俄罗斯生活多样性和复杂性的史诗形象。这位画家有很强的公民情怀，他的许多绘画作品都有着重要的思想背景。他最著名的杰作之一是《伏尔加河上的纤夫》。这幅作品描绘了沿着河流拉纤船工的辛苦工作。

　　此外，列宾一生中创作了大量的历史画、风俗画和肖像画，表现了劳动人民的贫穷、苦难及其对美好生活的渴望。列宾的代表作有《伏尔加河上的纤夫》《伊凡雷帝杀子》《意外归来》《托尔斯泰》等。

　　维克托·瓦斯涅佐夫（1848—1926）是俄罗斯著名的民俗画家，也是俄罗斯童话故事的创造者。他的代表作有《骑着灰狼的伊凡王子》《三勇士》《雪姑娘》《飞毯》等。瓦斯涅佐夫对建筑壁画也非常感兴趣。他创作了莫斯科特列季亚科夫画廊的外墙画。他还曾参与绘制基辅市弗拉基米尔的圣母升天大教堂的壁画。1978年发现的一颗小行星就是以他的名字命名的。

列宾自画像

维克托·瓦斯涅佐夫的代表作《三勇士》

库斯托季耶夫的代表作《商妇品茗》

鲍里斯·库斯托季耶夫（1878—1927）是一位擅用明快色调在画布上展现俄罗斯乡村日常生活和假日场景的画家。他曾师从著名画家伊利亚·列宾。他最著名的作品有《商妇品茗》《美人》《布尔什维克党人》等。

修斯，关于俄罗斯著名画家和他们的作品，可以写的东西太多了。小姨期待有一天和你一起参观收藏着俄罗斯自12世纪以来绝大部分美术名作的特列季亚科夫画廊。

略懂绘画的小姨

2021 年 2 月 18 日

能歌善舞的民族丨芭蕾舞在俄罗斯

亲爱的小修斯：

　　你喜欢跳舞吗？我现在每天都学习跳舞。除了华尔兹和恰恰，舞蹈老师还教了我不少俄罗斯婚礼上会跳的传统集体舞——环舞。我觉得非常有趣。

在天寒地冻的俄罗斯，跳舞是最好的驱寒方法。所以，俄罗斯人的舞蹈中常有快跑、跳跃、快速旋转等剧烈的动作。俄罗斯舞的特色之一，就是舞蹈中往往带有竞技精神。和一般的男女共舞不同，俄罗斯的双人舞通常是一方跳完，换另一方跳，像是一场男孩儿和女孩儿的跳舞竞赛。

人人都知道，俄罗斯人能歌善舞。每逢节日或亲朋好友相聚的时候，人们常常拉起手风琴，唱起歌，跳起舞来。俄罗斯的舞蹈形式多种多样，有独舞、双人舞、环舞、踢踏舞、头巾舞、赶马车舞等。

比如：俄罗斯人在送冬迎春的时候会过一个传统节日——谢肉节。在庆祝这个节日的时候，俄罗斯人会跳起踢踏舞。

踢踏舞是俄罗斯的一种民间舞蹈，男女老少穿上皮鞋，一起参加。常常有手风琴伴奏，众人围成一圈，用脚尖、脚跟或脚掌的某一部位击地，发出踢踏响声。妇女们边跳舞边挥手绢，男人们边跳舞边吹口哨，拉琴人往往也会加入舞蹈的行列，边拉边跳。踢踏舞的节奏清晰多变，人们脚下的动作灵活，响声大，场面活跃热烈。

俄罗斯的环舞演出

环舞是斯拉夫民族的一种民间舞蹈，众人手拉手围成一个大圈跳舞。这种舞蹈最初是歌颂家庭生活的舞蹈。俄罗斯人很喜欢这种载歌载舞的舞蹈。在俄罗斯的一些地区，环舞不仅是娱乐活动，也是冬天的暖身运动。

如今，我们常常会看到俄罗斯人在新年假期围着枞树跳环舞的欢乐情景。

不过，享誉全球的俄罗斯舞蹈，非芭蕾舞莫属。17世纪末，芭蕾舞传入俄国。到了19世纪末，俄罗斯成为世界芭蕾的中心，至今仍占有一席之地，影响广泛。

俄罗斯芭蕾有强烈的民族风格，涌现了一批杰出的芭蕾舞表演艺术家。俄罗斯的芭蕾艺术在中国观众的心里一点儿也不陌生。俄罗斯的著名剧院里常常上演包括芭蕾舞剧在内的各种剧作。这些剧院也是中国游客到俄罗斯旅游的目的地。

还记得我们说过的莫斯科大剧院吗？那里有金碧辉煌的建筑和富丽堂皇的演出大厅。莫斯科大剧院上演的最成功的剧作就是柴可夫斯基的不朽名作《天鹅湖》。

芭蕾舞剧《天鹅湖》图案的邮票

　　除了莫斯科大剧院，圣彼得堡也有非常著名的剧院——马林斯基剧院。这是一座有着160多年历史的剧院，也是当今世界上经营最成功的大剧院之一。

　　2013年，马林斯基剧院做了一次大整修，增添了新舞台等设施，俄罗斯总统普京亲自为剧院的新舞台揭幕，并且在那里观看了演出。新落成的马林斯基剧院装有最先进的舞台设备，总建筑面积近8万平方米，共有10层（地上7层，地下3层），可以容纳2000名观众。

　　　小修斯，小姨我在圣彼得堡经常刚走出博物馆就不自觉地迈进了剧院。因此，只要气温允许，我每天都会穿上正装，方便随时去剧院观剧。

　　　　　　　　　　　　　　非常享受中外艺术熏陶的小姨
　　　　　　　　　　　　　　2021年2月20日

在俄罗斯如何生活 |
别具一格的风俗和美食

意料之外的当地风俗丨和气可爱的俄罗斯人

亲爱的修斯：

　　曾经有一天，俄罗斯朋友给我上了一课。我当时触犯了一个俄罗斯礼俗。那么，我们看一下俄罗斯人主要有哪些礼俗吧。

　　有一天，我对一个好朋友说："好热啊！我都出汗了。"她连忙让我小点儿声。原来，在俄罗斯，"我出汗了""我要去卫生间"只能对关系非常密切的朋友或家人说。

　　还有一件事情让我很感动。有一次，在坐地铁的时候，我打了个喷嚏，坐在我身边的老奶奶马上对我说："祝您健康。"在俄罗斯及其周边一些国家，一个人打了喷嚏，身边的人（哪怕不熟识）一定会说："祝您健康。"从那之后，我也学着做起来，我觉得这样做能让人与人之间的关系变得更融洽。

　　在俄罗斯这些年，我对俄罗斯"大妈"的印象极其深刻：她们有时会对不礼貌的陌生人大呼小叫，但关键时刻常常会侠肝义胆地出手帮助他人。

　　俄罗斯人还有一个让人意想不到的习俗：喝茶。他们对喝茶有着超乎寻常的热爱。相关研究表明，在回答"您想喝点什么？茶还是咖啡？"这个问题时，78%的俄罗斯人会选择茶。

　　据记载，饮茶是16世纪末从中国传到俄罗斯的，17世纪初开始流行于上层社会，17世纪后期迅速普及各个社会阶层。到了19世纪，茶具、茶仪、茶礼、茶会、茶俗不断出现在俄罗斯文学、绘画、雕塑等领域。

　　俄罗斯人喜欢热茶，他们为此发明了工艺精美、造型多样的饮茶工具——茶炊。茶炊上通常镌刻着隽永的词句："火旺茶炊开，茶香客人尝。""茶炊香飘风行客，云杉树下有天堂。"……如今，茶炊通常被当成装饰工艺品，但每逢隆重的节日，俄罗斯人一定会把茶炊摆上餐桌，家人、亲朋好友则围坐在茶炊旁饮茶，似乎只有这样，节日的气氛才得以尽情渲染。

莫斯科市中心有一家名为"茶·咖啡"的百年老店，是一座修建于19世纪末的三层中式建筑，据说是俄罗斯知名茶商谢尔盖·别尔洛夫为了从中国进口更多茶叶而修建的。如今，这家店里依然以琳琅满目的茶叶和川流不息的顾客，诠释着俄罗斯人对茶的热爱。

插画《茶炊》（蒋习作）

修斯，你瞧，俄罗斯人是不是跟我们想象的不太一样？

希望中俄友好关系更进一步的小姨

2021 年 2 月 23 日

俄罗斯人的习俗 | 生日最重要

亲爱的修斯：

　　你知道吗？要想在俄罗斯快速交到新朋友，初次见面的时候一定要用敬语称呼他们，无论他们是什么年纪、什么身份，也不论在什么场合。

　　在俄罗斯，比较普遍的见面礼是握手，但握手时一定要摘下手套。久别重逢的亲朋好友常用亲吻拥抱礼——亲吻两边面颊，一边一下，如此重复三次；男士可以亲吻女士的手背。

　　如果迎接的是贵客，俄罗斯人常用"面包加盐"表示最高的敬意和最热烈的欢迎。到俄罗斯人家里做客，进屋后要脱掉外衣，摘掉手套和帽子，挂在衣架上。

俄罗斯人用来迎接贵客的"面包加盐"

想要吸烟的话，男士要先征得女士的同意，问一句："我可以吸烟吗？"如果女士也想吸烟，男士则要帮忙点烟。俄罗斯人讲究"女士优先"。所以，在公共场合，男士往往自觉地充当"护花使者"。

关于俄罗斯的习俗，我特别想提到一件有趣的事。我只要想起来这件事，就觉得中俄人民仍需加强沟通交流。俄罗斯人送花要送单数枝。要是拜访俄罗斯人的时候想给女士送鲜花，一定要记得：必须送单数枝，双数枝的花儿则是献给死者的。这和中国的习俗不一样，不是吗？我第一次知道这个习俗，是我第一次在俄罗斯过新年的时候，全班同学送给老师三枝菊花，老师笑得合不拢嘴了，而我却震惊不已。在听过同学们的解释后，我才知道俄罗斯的这个习俗。

最后，我想说说俄罗斯人的禁忌。

首先，俄罗斯人最偏爱数字"7"，认为"7"是成功和美满的象征。此外，俄罗斯人特别忌讳"13"这个数字，认为它是凶险和死亡的象征。因此，很多俄罗斯酒店不设13楼，房间号中也没有"13"，而是用其他方式代替。

其次，俄罗斯人也不喜欢黑猫，他们认为黑猫会带来厄运。我知道许多国家都有这样的习俗，而我只听说过一个国家喜欢黑猫，那就是格鲁吉亚。

每个人都有喜爱的东西，也有不喜欢的事物。一个国家有崇尚的文化，也有不适应的文化。我们该尊重他们的习俗，如此一来，他们也会尊重我们的习俗。

我在俄罗斯结识了许多好朋友。我不顺心的时候，他们会支持和鼓励我，有时候是一句话、一件小事，有时候是一个承诺。这些给我极大的鼓舞和温暖，我也愿意这样对待他们。

小修斯，如果你和外国小朋友交朋友，一定要注意尊重他们的文化和习俗，同时用真诚的心和他们交流，这样才会培养和收获坚固的友谊。

想念你的小姨

2021 年 2 月 27 日

语言课 | 修斯的俄语时间 IV

亲爱的小修斯：

听说你已经能够熟练地读出俄语单词了。那么，现在我来教你几句日常生活中的实用短句吧。

修斯，你还记得听到别人打喷嚏时要说一句"祝您健康"吧？这句话用俄语来说是"Будьте здоровы！""早上好"是"Доброе утро！""晚上好"是"Добрый вечер！"要是想谈论今天的天气，可以说"天气真好"，用俄语说就是"Сегодня хорошая погода！""生日快乐！"是"С днём рождения！"庆祝新年的到来时就说："С Новым Годом！"（新年快乐！）

修斯，有人说，学习一门外语，就像打开另一个世界。对此，小姨深有体会。

期待我们下次见面时，你能和小姨用俄语对上几句话。

期待和你一起过中秋节的小姨

2021年3月2日

俄罗斯的节假日丨不可错过新年和谢肉节

亲爱的修斯：

　　上次我提到了俄罗斯人非常重视生日。那么，我们今天就来聊聊俄罗斯的节假日吧。

　　在俄罗斯，新年是俄罗斯人最重视的节假日。自东正教传入基辅罗斯以来，罗斯人就开始把东罗马帝国的新年和当地的原始宗教节日结合起来，在每年3月1日庆祝新年。

　　1699年，彼得一世依照西欧的传统习俗，把每年1月1日定为新年。彼得一世还下令用松树、枞树和桧树做一些装饰品。此外，他还主张节日期间广泛燃放烟火。就这样，彼得一世在俄国开创了保持至今的新年庆祝形式。

　　叶卡捷琳娜二世在位期间，俄罗斯开始在新年举行大规模化装舞会和枪炮射击。从那时起，俄罗斯新年传统增加了互赠礼物和特别节日宴席。

　　如今，俄罗斯人最重视的假日就是新年假期。一般提前半个月，街道上就已经张灯结彩了。

　　新年假期之后就迎来了俄罗斯第二热闹的节日——谢肉节（又称送冬节），人们要吃烤薄饼。送冬节是四季节日之一，节期约在2月底3月初，为时一周。这是一个从俄罗斯多神教时期就流传下来的传统俄罗斯节日。后来，俄罗斯民众开始信奉东正教，谢肉节的开始日期逐渐改为每年东正教复活节前的第8周。例如：2021年的谢肉节从3月8日一直持续到3月14日。

莫斯科街头的新年枞树

描绘 1878 年俄罗斯谢肉节的油画

修斯的秘密笔记

谢肉节的前身是古代斯拉夫人的春耕节。当时，他们认为冬去春来是春神雅利洛战胜严寒和黑夜的结果，因此每年2月底3月初都要举行隆重的送冬迎春仪式。人们白天用烤成金黄色的圆形小薄饼祭祀太阳，晚上则燃起篝火，烧掉用稻草扎成的寒冬女神。人们以此欢庆经过漫长的严冬，明亮的太阳又开始为大地送来温暖。谢肉节期间，人们会吃黑麦烤制的犁形、耙形等形状的大面包。

　　第一天播种时，人们带着面包、盐和鸡蛋下地，当牛马犁出三条垄沟时，人们吃掉一部分面包和盐，其余的喂牛马。然后，他们会把鸡蛋埋到土里，以祭祀大地，祈求保佑来年风调雨顺，五谷丰登。

　　东正教传入俄罗斯后，教会无力取消这一民间节日，只好把春耕节改称谢肉节，把节期安排在春季大斋前一周。教会把这一周称为无肉周或干酪周，因为在这一周里人们仍然可以吃荤食或乳制品，这一周过后，进入大斋期，人们连荤食和乳制品也不能吃了，故称谢肉节，意为"大斋之前向肉食告别"。

关于谢肉节的插画

在为期7天的谢肉节期间，每天各有其名，庆祝方式也不尽相同：星期一为迎春节，家家户户煎制圆薄饼，作为节日的必备食品，吃时佐以鱼子、酸奶油等。星期二为始欢节，人们邀请亲朋好友家中的未婚姑娘和未婚小伙一起娱乐，为他们牵线搭桥，向他们提供挑选意中人的机会。星期三为宴请日，岳母宴请女婿。星期四为狂欢日，庆祝活动达到高潮，人们在大街上举行各种狂欢活动，开怀吃喝，尽情欢乐。星期五为新姑爷上门日，新女婿宴请岳母及其家人吃薄饼。星期六为欢送日，人们载歌载舞，把象征寒冬女神的稻草人用雪橇送往村外烧毁。这一天，新媳妇要拜访丈夫的姐妹。星期日为宽恕日，人们走亲访友，拜访邻里，请求他们原谅自己的过错。

如今这个节日是俄罗斯人的重要节日，象征太阳的圆薄饼依然是节日的必备食品，人们在节日期间跳的环舞依然是俄罗斯最主要的民间舞蹈形式。谢肉节期间，俄罗斯各地还举行化装游行，彩车上载着人们装扮的寒冬女神、三勇士等俄罗斯神话中的人物，人们载歌载舞，送别寒冷的冬天，迎接温暖的春天。

谢肉节期间食用的圆薄饼

谢肉节期间跳环舞的俄罗斯人（油画）

　　每年5月9日，俄罗斯都会在莫斯科红场举行盛大的阅兵活动，国家领导人前往红场的无名烈士墓前敬献花圈，并在莫斯科的无名烈士墓长明火旁设立固定哨位进行哀悼。夜晚，莫斯科和各大英雄城市鸣放礼炮，纪念死难者，并燃放焰火庆祝反法西斯战争取得的伟大胜利。这就是俄罗斯胜利日。这个节日是苏联为纪念苏联战胜德国法西斯而设立的纪念性节日。俄罗斯沿用了这个节日及其传统，并规定全国放假一天。

　　每逢胜利日来临，俄罗斯人都会以各种方式纪念那个历史性时刻。他们在胸前和手臂佩戴一条象征勇敢和胜利的黄黑条纹相间的"圣乔治丝带"，还有人会把它系在汽车的天线和反光镜上，年轻母亲会把它系在婴儿车上，构成胜利节当天一道亮丽风景线。不过，胜利节当天最虔诚的纪念人群非卫国战争老兵莫属，他们是这个节日的主角，也是最受俄罗斯人尊敬的群体。

　　每年6月12日是俄罗斯的国庆节。俄罗斯人在这一天不会举行什么特别的庆祝活动，联邦政府也不会组织什么正式的庆祝仪式，但是6月12日这一天被定为公休日。

关于俄罗斯胜利日的插画

除了上述节假日，俄罗斯还有洗礼节（1月19日）、情人节（2月14日）、祖国保卫者日/男人节（2月23日）、女人节（3月8日）、春天劳动节/五一劳动节（5月1日）、儿童节（6月1日）、诗歌节（6月6日）、三圣节（复活节后第50天）、桦树节（俄历6月24日）、青年节（6月最后一个星期的星期日）、体育节（8月的第二个星期六）、知识节（9月1日）、教师节（10月的第一个周日）、俄罗斯人民团结日（11月4日）、革命节（11月7日）、宪法日（12月12日）等节日。另外，俄罗斯有很多行业性节日，几乎各行各业的人都有自己的节日。

修斯，和中国一样，不是所有的俄罗斯节日都会放假。一部分节日是全国性质的，有固定日期，一般是在与其邻近的休息日举行庆祝活动。一部分只具有地方性质，在某种行业最为发达和有历史传统的地方才有重要意义，没有固定日期。

内心非常感激传授我知识的所有良师益友的小姨

2021年3月7日

俄式美食丨"面包与盐"是礼宾习俗

亲爱的修斯：

　　小姨这个人呢，对食物没有深入研究，但也不愿凑合，算不上"吃货"，也不是"饭桶"。没吃过的要尝一尝，我喜欢的会反复吃，不爱看价格。哈哈，很多人问俄罗斯有什么美食，我都回答："谈不上美食，有不少主食。"在俄罗斯这么多年，细想起来，我吃的大多是馒头夹烙饼。

　　我先从俄罗斯面包说起吧。俄罗斯的面包种类之多，和中国的火锅种类不相上下，甚至有过之而无不及。从形状看，长条、圆的、椭圆、方形、扁的……超过十种；从品种看，黑面包、白面包、全麦面包……还有撒着各种果仁的花面包；从口味讲，酸的、甜的、咸的、原味儿的……，夹樱桃、夹肉馅、夹香肠……，共同特点是都挺香。

　　我国东北地区的"列巴"就是"面包"。这样说太笼统了。单单中国人说的"黑面包"其实就没说清楚是черный хлеб（黑面包）还是ржаной хлеб（黑麦面包），就别说所有"面包"都有自己的叫法了。

　　和很多国家一样，面包是俄罗斯的主食。那里的高级餐厅的餐前面包是免费的，一大篮子，抹黄油吃。

　　在俄罗斯面包作为"主食"真是到了最高级别，俄罗斯人接待贵宾会用面包。客人一进门，身穿传统服装的俄罗斯少女，会双手捧着一个又大又沉的盘子，上面放着巨型面包，撒上一点儿盐，招待客人。作为回礼，客人要吃上一口，一小口就行。

除了面包，俄罗斯很多食物都是用面做的，比如圆煎饼。说是圆煎饼，其实是因为实在没有能对应的中文翻译。它就是一张薄饼，有的放一根香肠，有的放一根香蕉，有的抹巧克力酱，有的放樱桃酱——说着说着，我想起我们中国的辣酱和"老干妈"了，可惜俄罗斯人不怎么吃辣。这就是我们常说的俄式煎饼，当早点吃一张能行，一般饭量一张都不够吃，大多数中国人只拿它当点心吃，无论抹什么酱，夹不夹香肠，饼皮都是甜甜软软的。

还有一种俄罗斯食物值得一说，那就是"俄罗斯饺子"。小姨看着这些圆圆的，夹着肉丸或者酸奶油，或者樱桃，或者土豆的小面点，实在不愿意叫它"饺子"。可能因为它长得更像馄饨，只不过没有汤，面皮也没那么大。

吃这种"饺子"不蘸酱油，也不蘸醋，通常配酸奶油吃。俄罗斯人吃"饺子"没有过年、过节、改善生活的喜庆，更像吃主餐后的小食，可能重要程度不如土豆。

中国人民对俄罗斯最深的误会可能就是"罐焖牛肉"了。北京有很多俄式餐馆主打"罐焖牛肉"，看似讲究的"吃货"登门必点，其实俄罗斯根本没有这道菜。

在俄罗斯生活久了，多少知道一些家常菜。无论在饭馆吃饭，还是去朋友家吃家常菜，比较常见的就是牛肉饼（块）、猪肉饼（块）或鸡肉饼（块），配上一份土豆泥、土豆块或土豆条，外加一小份沙拉。

总之，俄罗斯人吃碳水化合物和淀粉比较多。相对中国人来说，他们吃蔬菜、水果比较少。

到底"罐焖牛肉"从哪儿来的，不得而知，没听说过就对了。

我最喜欢的俄罗斯主菜除了各种肉饼，还有烤肉串。俄罗斯的烤肉串依然分为牛肉、猪肉、鸡肉三种，其他动物的肉在家常菜中很少见。

在俄罗斯，烤肉串把俄罗斯精神体现得淋漓尽致，带有一股原始的气息。一根扦子上密密排着很多肉块。高级一些串的中间穿几片彩椒，或者西红柿块。饭量小的人点一根肉串就能吃饱。穿好的肉串用电炉子或者炭烤，烤好了撸进盘子，配上洋葱，蘸番茄酱吃。

▍俄罗斯烤肉▍

　　除了主菜，俄罗斯人家里招待客人时也会上一些冷盘，比如厚厚的鱼子酱抹面包、各种香肠。

　　俄罗斯的鱼子酱真是国宝级食品，有"黑黄金"之称，分为红色和黑色两种颜色。俄罗斯超市里任何东西都能自取，唯独鱼子酱不同：便宜的自取；昂贵的放在带锁的冰柜里，购买时找服务员拿，最贵的一小瓶好几千人民币。

　　鱼子酱通常用鲟鱼和鲑鱼的鱼卵制作。鲟鱼做出来的鱼子酱是最贵的，而且这种鱼子酱一般的吃法是用贝壳做成的勺子舀着直接入口，或者配上一些苏打饼干。一定要注意的是，吃这种鱼子酱不能用金属勺子，也不能配上味道比较重的作料，不然会改变鱼子酱本身的香气。

　　鱼子酱口感独特，味道有点儿腥，很咸，但非常有营养，对皮肤特别好，会让皮肤更有光泽，起到美容养颜的作用。有机会你一定要尝尝。

　　我在俄罗斯吃得最多的就是甜食，比如巧克力、蛋糕、冰激凌等。直到今天，我每餐饭后还要吃点儿甜食，让味蕾知道这餐结束了。

俄罗斯甜点有这么几个特点：好看，齁甜，种类繁多。接下来就说说我常吃的俄罗斯甜点吧。

我之前说过，俄罗斯这个国家对艺术的感悟力是与生俱来的，融入了血液里，这在食物方面也体现得淋漓尽致。随便一份甜品就能当"模特"，随手拍就会立马成网红食品，爱美人士可能会把一个个蛋糕、饼干供起来，舍不得入口。比如：可爱的姜饼，是俄罗斯人的原创甜食之一。公元9世纪，源自古埃及的"蜂蜜面包"传到了俄罗斯。俄罗斯人根据自己的口味，做成黑麦混合蜂蜜和浆果汁的甜点，这就是姜饼。12世纪至13世纪，香料传入了俄罗斯，俄罗斯人将这些香料加入姜饼提味，这才有了今天独具风味的俄罗斯姜饼。

我比较喜欢的俄罗斯甜点是"пышки"，长得和甜甜圈一样，油炸的软面圈上有一层糖霜，吃到嘴里时，糖霜挂唇边，舔一舔心里美滋滋。这种食物非常甜。甜到什么程度呢？不礼貌的人给长得胖胖的姑娘起外号就会叫她们пышки，意思是这种甜点吃多了会变很胖。

进入俄罗斯的商店，甜食柜台能占整个食品区的三分之一，还有专门卖甜食的商店，"巧克力博物馆"，和童话王国一模一样，形态各异的饼干、点心、糖果和巧克力，放开吃也吃不完所有种类。如今，北京的超市里也有常见的俄罗斯甜食了，奶油糖，块头很大，牛奶和奶油含量高，很受欢迎。

如今，俄罗斯冰激凌也进入中国多地保税区的进口直营店和超市冷柜。分量十足的俄罗斯冰激凌，奶香醇厚，口感细腻，甜味适中，超级好吃。

全世界人民说起俄罗斯，肯定会提伏特加酒。伏特加酒都快成这个国家的标识了。

伏特加酒以谷物或马铃薯为原料，经过蒸馏制成高达95度的酒精，再用蒸馏水淡化至40度到60度，喝起来口感清爽，很适合调制鸡尾酒。但喝惯中国白酒的朋友，不会特别喜欢伏特加酒，一来伏特加酒度数不够高，二来它没有粮食酿的酒香醇。

俄罗斯人喝伏特加酒时有一些习惯：小白酒杯，喝一杯酒立马再喝几口果汁，他们说酒太辣。有些年轻人在虎口撒点儿盐，左手右手都可以，喝一口酒，舔一口盐。还有人对瓶吹，这样不文雅，一般没人这么喝。

俄罗斯的大部分主要城市都位于高纬度地区，冬季不仅异常寒冷，而且时间特别长，酒精便成为很多人的生活必需品。在日常生活中，酒的用处很大，感冒了喝口酒出汗，上战场时喝口酒壮壮胆。苏联卫国战争期间，苏联国防部规定，前线的每名战士每天可以得到100克伏特加酒，这提高了苏联军队的士气，战士们作战更加勇猛。不过，大部分俄罗斯人不嗜酒。去俄罗斯人家里做客，喝着伏特加酒，主人可能再邀请客人尝尝红酒或啤酒，但他们极少劝酒，也绝对不会对女士灌酒，家里有多少酒就喝多少。每个人按自己的酒量开怀畅饮，体现了他们热情豪放的性格，也体现了他们尊重他人的礼俗。

但酒还是对俄罗斯产生了负面影响。为了减少酒精对人民身体的伤害，以及由此造成的经济损失，很多俄罗斯联邦政府都出台了一些禁酒措施。其实，俄罗斯早在沙皇时代就采取了很多办法，比如沙皇尼古拉二世曾下令："除了酒馆和餐厅之外，其他商家不允许销售蒸馏酒。"安德罗波夫当政时期（1982—1984），把酒馆的开门时间从上午11点强制推迟到下午1点。到了戈尔巴乔夫时期（1985—1991）就更加严格，他下达严令，严格限制饮用酒的制造产量，抬高伏特加酒的价格，并且规定政府的宴会上不准提供酒。

前几年，俄罗斯下达了"夜间禁酒令"，所有酒精饮品都不能在夜间售卖，甚至有人建议关闭24小时商店，因为半夜出来买东西一般都是买酒。在冬季，警察拖着酩酊大醉的流浪汉不算少见。但俄罗斯还是紧紧和"伏特加"联系在一起，它已经不是一种酒了，应该算这个国家文化、性格的体现吧。

> 修斯，俄罗斯人的烹饪方式主要是煎和炖，他们用的锅都是平底锅，不适合炒菜，经常是炒到最后成了炖菜。还有就是这儿没有国内常用的大菜刀，砍骨头和切菜很不方便。从国内往这儿带锅和菜刀的大有人在，小姨也凑过这个热闹。
>
> 最近勤于练习厨艺的小姨
> 2021年3月12日

中外大不同 | 俄罗斯的用餐礼仪

亲爱的修斯：

    当你走进正宗的俄式餐厅，点完餐后服务员或许会放一篮子各式面包在你面前，你可以直接吃，也可以等汤上桌后就着汤吃，但千万不要使劲吃面包，因为好菜还在后面呢。

服务员在帮大家点菜的时候会分别记录谁想要什么，上菜时也会把各人点的放在各人面前，方便分开结账。

在俄罗斯，吃东西绝不能发出声响。俄罗斯人认为，只有猪吃东西才会出声，而这种比喻是十分难听的。吃煎鸡蛋时，嫩的用勺子吃，老的用餐叉吃。喝汤时，要把勺头正对着嘴，把汤送入口中。不能端起汤盘直接喝，更不能发出响声。面包不必用刀切，可用手掰着吃。就餐时不要大声谈笑，切忌手持刀叉手舞足蹈。

在俄罗斯，把手放在桌子边搭着是礼貌的行为，但千万别放在膝盖上。

绝不能用茶匙直接饮茶，或把茶匙直立于杯中。

    修斯，参加俄罗斯宴会时，要对菜肴加以称赞，并且尽量多吃一些。俄罗斯人将手放在喉部，一般表示已经吃饱。

爱美景也爱美食的小姨

2021 年 3 月 19 日

世界体育强国丨冰球是全民热爱的运动项目

热爱体育运动的修斯：

俄罗斯是一个奥运金牌大国，目前俄罗斯队已经参加过奥运会的几乎所有项目，而且均获得过奖牌，其中成绩突出的项目有体操、蹦床、射击、花样游泳、跳水、摔跤、举重、赛艇、田径等。此外，我们经常可以在电视等屏幕上看到俄罗斯体育健儿的身影。今天，我们就来了解一下俄罗斯的体育运动吧。

俄罗斯有句谚语："健全的精神寓于健康的身体。如果想要健康，就要锻炼；运动越多，活得越久。"体育在俄罗斯一直是最受欢迎的活动。调查数据显示，俄罗斯大部分居民都尝试过一种或者多种体育项目。

在俄罗斯，人们从孩提时期，甚至是婴幼儿时期，就经常被父母带去赛场观看各种体育赛事。很多俄罗斯学校每周会为学生安排4次体育课——除了常规体育课程以外，学校还会为学生设置舍宾（形体塑造）、跆拳道、柔道、中国武术等选修课。

不过，在花样繁多的体育运动中，冰球才是俄罗斯人最喜爱的运动项目。冰球也称冰上曲棍球，是一项将多变的滑冰技艺和敏捷娴熟的曲棍球技艺相结合，对抗性较强的集体冰上运动项目之一，也是冬季奥运会正式比赛项目。

俄罗斯有句老话："俄罗斯只有两种人，一种是打冰球的，另一种是看冰球的。"冰球作为俄罗斯的一项全民运动，俄罗斯孩子从四五岁就开始学习打冰球。每逢冰球比赛，总是场场爆满，比赛门票更是提前20天就被抢购一空。

俄罗斯总统普京就是举世皆知的冰球爱好者，他经常观看和参加冰球比赛，他的冰球竞技水平甚至达到了专业水平。普京曾说："冰球这项运动对俄罗斯人民来说是必需品，是不可替代的。"在俄罗斯，几乎每个男孩儿都会打冰球。冰球是一项冬季运动，但这完全不能阻止俄罗斯人在任何时候、任何地点打冰球，有时他们甚至会在航空母舰上进行冰球比赛。

俄罗斯冰球继承自苏联冰球。1946年12月22日，苏联举办了首届全国冰球赛的预赛。这一天后来成为苏联冰球运动的诞生日。不过，苏联冰球队在20世纪40年代只参加了一些国际冰球友谊赛，直到1954年才开始参加正式的国际冰球比赛——世界冰球锦标赛。在1954年世界锦标赛中，苏联冰球队以7：2战胜了连夺15次世界冰球锦标赛界冠军的加拿大冰球队，轰动了世界。此后，苏联的冰球运动项目水平长期雄居世界前列。1956年至1992年，苏联（俄罗斯）国家冰球队总共夺得了22届世界冰球锦标赛冠军，更是在1963年至1971年取得了"九连冠"的历史最好成绩，而且这支队伍还赢得了8届冬季奥林匹克运动会（简称冬奥会）冠军（其中三届冬奥会冠军与世锦赛冠军重叠）。在1956年至1992年的11届冬季奥林匹克运动会冰球比赛中，他们摘得9枚金牌，拥有冬奥会冰球"四连冠"（1964年、1968年、1972年和1976年）殊荣。随着1991年年底苏联解体，苏联国家冰球队被俄罗斯国家男子冰球队（简称俄罗斯男子冰球队）取代。

1992年5月6日，俄罗斯"继承"苏联在国际冰球联合会的位置。1993年，俄罗斯男子冰球队获得了世锦赛冠军。1994年，俄罗斯首次以独立的身份参加冬奥会。至此，俄罗斯冰球翻开了崭新的一页，但也陷入停滞时期。2008年以前，俄罗斯冰球协会人事变动频繁，俄罗斯冰球联赛也经历了由国际冰球联盟—俄罗斯冰球联盟—俄罗斯超级联赛—大陆冰球联赛的接连转变，大量优秀冰球运动员流向海外，俄罗斯男子冰球队的成绩大受影响。这在他们的冬奥会和世锦赛成绩上有着明显的体现。

大陆冰球联赛（KHL）成立于2008年，除了俄罗斯冰球俱乐部参加外，还不断吸纳中国、哈萨克斯坦、白俄罗斯、拉脱维亚、斯洛伐克、克罗地亚、芬兰等国的冰球俱乐部参赛，所以每年的参赛球队数量并不是固定不变的。大陆冰球联赛分为东部和西部两个赛区，而且每个赛季分为常规赛和季后赛。常规赛通常从8月开始到来年2月结束，每支参赛队伍打满30场主场赛和30场客场赛，冠军球队获得大陆杯。季后赛从2月开始到4月结束，冠军为当年大陆冰球联赛总冠军，获得加加林杯。在每场冰球比赛中，对阵双方各自出场6人，其中包括3名前锋、2名后卫和1名守门员。全场比赛持续90分钟，分三节进行，每节时长20分钟，每两节比赛中间休息15分钟，进一个球得1分，得分多的球队获胜。

除了大陆冰球联赛，俄罗斯还有高级冰球联赛、青少年冰球联赛等不同级别的冰球联赛。

近些年来，俄罗斯在冰球运动项目上强势崛起。2018年2月25日，俄罗斯国家男子冰球队在2018年平昌冬奥会男子冰球决赛中以4:3战胜德国国家男子冰球队，俄罗斯男子冰球队终于突破重重困难，摘得了冬奥会金牌。这时，俄罗斯人在他们再熟悉不过的冰场上高呼"Победа！"（乌拉！意为"胜利！"），表达他们的喜悦之情。

2008年俄罗斯赢得冰球世界杯纪念邮票

我们甚至可以说，在俄罗斯，冰球不仅是一项体育运动，它更是俄罗斯人的信仰。俄罗斯人已经把冰球列入他们的"柴米油盐酱醋茶"之列。除了爱看冰球比赛，俄罗斯人也极其热爱以冰球为题材的影视剧作品，它们甚至改变了很多俄罗斯人的人生态度。

班迪球是俄罗斯盛行的第二大冰上群体竞赛运动项目。实际上，在冰球成为俄罗斯的第一运动之前，班迪球一直是俄罗斯人最爱的体育运动项目，而且俄罗斯也对国际班迪球的发展做出了重大贡献。

班迪球和冰球均被称为"冰上曲棍球"，很多人会把班迪球和冰球看作同一种体育运动项目。不过，班迪球和冰球的起源、球场、比赛用球、球杆、上场人数、赛制等均不相同。

班迪球最早流行于荷兰，19世纪传入俄罗斯等国家。19世纪末，俄罗斯独自制定了班迪球的比赛规则和打法，因此班迪球亦称"俄式冰球"。1902年，俄罗斯设立班迪球流动奖杯，定期在圣彼得堡举行班迪球比赛。1910年，俄罗斯与德国、丹麦、挪威和瑞典创建了北方冰上曲棍球联合会，但是俄罗斯的班迪球比赛规则和其他国家不一样。直到1953年，这两大派系才统一规则。1955年，国际班迪球联合会成立，制定了统一的班迪球比赛规则。1957年，国际班迪球联合会主办了首届世界班迪球锦标赛。在很长一段时间内，世界班迪球锦标赛只有4个国家参加——俄罗斯（苏联）、瑞典、芬兰和挪威，而冠军大多在俄罗斯（苏联）和瑞典之间产生。现今，班迪球运动已发展到欧洲、北美洲和亚洲的大部分地区。迄今为止，俄罗斯是获得世界级班迪球锦标赛冠军次数最多的国家。

在正式的班迪球比赛中，对阵双方球队各有11名球员出场，其中包括1名守门员。比赛开始后，10名球员竞相用球杆将球射入对方球门，即对方守门员把守的球门。全场比赛持续90分钟，分上下两半场，中间休息10分钟，进一个球得1分，得分多者获胜。

2018年，国际奥林匹克委员会（简称国际奥委会）把班迪球纳入了冬奥会比赛项目。2022年2月，第24届冬季奥林匹克运动会将在北京和张家口举行，届时我们就可以在家门口欣赏冬奥会首届班迪球比赛了。

足球也是俄罗斯人非常喜爱的运动项目，受欢迎程度仅次于冰球。2018年6月14日至7月15日，国际足球联合会（简称国际足联）主办的第21届世界杯足球赛在俄罗斯举行，这是俄罗斯首次举办足球世界杯，也是足球世界杯首次在东欧国家举行。基于俄罗斯足球协会属于欧洲足球协会成员，国际足联举行赛事的场馆均位于俄罗斯的欧洲部分。最终，国际足联选用了12个比赛场馆，其中有两个场馆的地理位置比较特别：叶卡捷琳堡中央体育场和加里宁格勒体育场。前者属于俄罗斯的欧亚交界城市，而后者是俄罗斯的外飞地。

　　在这次历史性的足球盛会上，俄罗斯队顽强拼杀，力克多支强队，挤进八强，虽未夺冠，但已创造了苏联解体后俄罗斯足球的最好成绩。

　　　　修斯，2020年东京奥运会因新型冠状病毒肺炎疫情延期至今年7月举行。真希望疫情快点儿结束。
　　　　期待和你一起观看中俄体育健儿在东京夺冠的小姨
　　　　2021年3月25日

路漫漫其修远兮丨
俄罗斯的教育体系和交通系统

大学之前的求学之路丨学前教育和基础教育

亲爱的修斯：

　　你在上一封信中说，你想知道俄罗斯的学生怎么学习的。小姨会在以后的书信中向你系统地介绍俄罗斯的教育体系。今天，我们先了解一下俄罗斯的学前教育和基础教育吧。

　　俄罗斯是一个实行义务教育制度的国家。在俄罗斯，人们把义务教育称为基础教育，学习期限一般为11年。基础教育包括初级基础教育（一年级至四年级）、基本基础教育（五年级至九年级）和完全基础教育（十年级至十一年级）。

　　俄罗斯儿童年满7周岁开始接受基础教育。在此之前，他们通常会接受学前教育，包括托儿所（0岁至3岁）、幼儿园（3岁至6岁）和学前预备班（6岁至7岁）。在学前教育阶段，除了传统的托儿所和幼儿园教育之外，俄罗斯还有学前儿童个性化教育家长帮扶中心，针对学前儿童教育问题免费为家长提供教育心理帮助。学前预备班毕业后，俄罗斯儿童开始接受初级基础教育。

　　在初级基础教育阶段，每个班级都有教室和班主任，除音乐课和体育课外，班主任几乎教授全部课程。学生的教科书大多是从图书馆借的，学期结束后归还图书馆。他们一般周一至周五上课，每天上四五堂课，每堂课45分钟，课间休息10分钟。学生通常早上8:30开始上课，但他们必须在8:25之前到校。学校向学生提供免费的早餐，而且周一至周五的早餐几乎不重样。

▍俄罗斯的一家幼儿园▍

▍莫斯科街头接送学生的校车▍

初级基础教育学校通常13:20放学，学生放学后可以留在学校吃午饭，也可以直接由家长接走。在通常情况下，不直接回家的学生吃完午饭后会在户外活动1个小时，然后开始上有老师看管和辅导的课后班或兴趣班，他们可以一直在学校待到18:00。

从基本基础教育第一年（五年级）开始，俄罗斯学生上课时需要穿梭于不同的教室之间，而他们的任课教师则在固定的教室里讲授固定的课程。基本基础教育阶段的课程有必修课和选修课两种。其中，必修课分为人文系列（俄语、文学、外语、俄罗斯史、世界史、经济、地理、法律基础、政治学、体育等），自然科学系列（数学、物理、化学、生物、生态学、天文学等），以及技术类课程（绘画、制图、家政、裁缝、烹调、金属加工等）；选修课主要是一些具有地方特色文化和适合学生兴趣的课程。

初级基础教育和基本基础教育属于基础义务教育，所有学生必须参加。从2009年开始，俄罗斯在全国范围内对九年级和十一年级的学生采取国家统一考试。国家统一考试由俄罗斯联邦教育科学部统一命题，由地区教育管理机构组织在规定的时间（莫斯科时间）和地点同时举行，通过考试的学生会获得相应的毕业证书和国家统一考试成绩证明。

九年级毕业生会获得中学未结业证书。为了完成义务教育，他们有两种选择：一种是升入十年级，接受完全基础教育；另一种是进入中等职业学校，获取副学位。后者的学习期限一般是3年至4年，学生毕业后可以在俄罗斯找一份蓝领工作。

而接受完全基础教育的学生在十一年级毕业时必须再次参加国家统一考试，这既是他们的毕业考试，也是他们的大学入学考试。从2015年开始，十一年级的学生必须顺利完成毕业作文，才能获得参加国家统一考试的资格。十一年级参加的国家统一考试从5月底开始，平均每位考生参加3门至4门科目的考试，一般隔几天进行一门科目或几门科目的考试，一直持续到6月中旬结束。其中，数学和俄语为必考科目，通过这两门考试即可获得中学毕业证书。其他考试科目为选考科目，考生根据他们报考的大学或专业的要求而选择选考科目，参加奥林匹克竞赛并获奖的学生的相应科目计满分或免试。

俄罗斯联邦教育科学部徽章

　　除了学校教育，俄罗斯还有和成人补充教育体系相对应的儿童补充教育体系，主要对象是基本基础教育及以下的学生。这是俄罗斯教育体系的重要特色。迄今为止，俄罗斯儿童补充教育已经有近百年的历史，形成了独具特色的儿童补充教育体系，拥有专门的机构、内容和方法，而且非常注重自身管理和教师的专业化发展。俄罗斯儿童补充教育和义务教育处于同等重要的地位，政府不断出台各种政策促进其发展。

　　　修斯，随着中俄关系日益密切，学习汉语的俄罗斯人越来越多。2019 年，俄罗斯首次把汉语纳入十一年级毕业生参加的国家统一考试的选考科目，有个名叫阿纳斯塔西娅·安德柳宁的莫斯科女孩儿还拿到了汉语满分的成绩呢。

　　　　　　　　　　为我们日益强大的祖国感到骄傲的小姨

　　　　　　　　　　2021 年 3 月 30 日

宽进严出的高等教育丨俄罗斯的大学招生

亲爱的修斯:

　　根据相关研究数据，俄罗斯目前的文化普及率是99.4%，而且25岁至64岁的俄罗斯人当中接受高等教育的人口比例高达50%以上，是一个名副其实的教育强国。小姨在上一封信中向你介绍了俄罗斯的学前教育和基础教育，我们现在来了解一下俄罗斯的大学招生制度和高等教育吧。

　　俄罗斯实行国家统一考试之前，想要进入大学继续深造的莘莘学子必须参加两次考试：他们必须先参加本校命题的毕业考试，拿到毕业证书；然后，他们必须到心仪高校所在城市参加该校自主命题的入学考试。这不仅加重了莘莘学子的学业负担，而且容易造成一些学生因故无法参加考试，进而失去入读理想大学的机会。

　　实行全国统一考试，不仅减轻了考生的学业负担，而且保证了他们接受高等教育的均等机会。考试结束，十一年级的毕业生须把国家统一考试成绩证明和入学申请书一并提交给想要就读的高校，然后等待录取名单出炉。每位考生最多能申请5所高校，而且每所高校最多可以填报三个专业。

　　大多数高校会根据报考学生的国家统一考试成绩择优录取学生，不再进行额外考试。不过，享有高度自治权的莫斯科国立大学和圣彼得堡国立大学有权对报考的学生进行补充考试。此外，俄罗斯每年有10所至20所大学有权对报考某些专业的学生进行补充考试，具体每年有哪些大学拥有此项权利则由联邦政府划定，并不是一成不变的。

概括来说，俄罗斯高等教育新旧学制下的学位可以用以下公式表示：

旧学制＝俄罗斯专家学位＋副博士＋全博士

新学制＝学士学位＋硕士学位＋副博士＋全博士

近年来，中国到俄罗斯高校留学的学生越来越多。不过，俄罗斯高校对外国留学生的申请条件要求很严格，他们不仅需要公证高中毕业文凭，还需要提供高中会考成绩单及其公证文件。此外，各大高校的入学要求也不同，但它们均要求申请者必须通过本校的俄语考试和专业考试。考虑到外国人的专业差异和生活适应能力，俄语零基础的外国高中毕业生可以先前往俄罗斯，报考具备开办俄语预科系的大学攻读语言课，边学习边适应生活，通过"俄罗斯联邦对外俄语等级考试"后，再持成绩单报考心仪的大学和院系。当然，取得好成绩的学生接下来就可以继续深造了，而成绩不太理想的学生则需要继续读预科，也可以转到入学条件相对较低的城市和学校。

顺利进入理想的大学并不意味着万事大吉。申请俄罗斯的高校之前，最好做好心理准备：俄罗斯实行宽进严出的精英教育政策，高校的淘汰体制非常严厉，每年的淘汰率达到40%以上，不管是俄罗斯本土的学生，还是外国留学生，如果不刻苦学习，他们将会面临被学校开除、留级或者转学的危险。

> 修斯，在俄罗斯，各类学校均适用5分制：5分等于"优"；4分等于"良"；3分等于"及格"；2分等于"不及格"；1分表示不仅"不及格"，而且尤其差，基本从来没有被使用过。严格来讲，5分是最好的，2分是最差的。加号和减号可以和数字一起使用，例如"4⁺"表示在优之下，而在良之上。
>
> 以毕业于圣彼得堡大学为终身荣耀的小姨
>
> 2021年4月6日

俄罗斯的知名高等学府 |
圣彼得堡国立大学、莫斯科国立大学等

亲爱的修斯：

　　目前，俄罗斯高校主要教学语言是俄语。你可能认为这是理所当然的事情，但事实并非如此。这是莫斯科国立大学的创立者罗蒙诺索夫经过多年努力争取的结果。下面我们就了解一下俄罗斯的知名高等学府吧。

　　俄罗斯高等教育的水平居于世界领先地位。俄罗斯的高等院校，特别是一些知名高等学府，治学态度非常严谨，拥有独立的专业学派，每年为俄罗斯输送大量的高端人才。

　　近年来，俄罗斯联邦政府不断加大对高校的支持力度。在为数众多的俄罗斯高校中，得到俄罗斯联邦政府重点支持的高校一共有41所，分为3个层次：两所享有独立自治权的联邦政府直属高校、10所联邦大学和29所国家研究型大学。下面我们就来了解一下俄罗斯的一些知名高等学府吧。

　　首先要提到的当然是俄罗斯最古老的大学，那就是圣彼得堡国立大学。圣彼得堡国立大学位于圣彼得堡市，教学楼和宿舍分散在这座城市的各个角落，其中主楼和大多数院系坐落在美丽的瓦西里岛，和冬宫遥相呼应。

　　圣彼得堡国立大学始建于1724年，是俄罗斯人根据彼得大帝的敕令修建的。在290多年的发展历程中，圣彼得堡国立大学曾经几易其名，比如1821年至1914年改称圣彼得堡皇家大学，1924年至1991年改称列宁格勒大学，1991年改称圣彼得堡国立大学并沿用至今。

圣彼得堡国立大学是全世界著名的研究型综合性大学之一，也是俄罗斯的教育、科学和文化中心之一。该校有很多著名的博物馆、图书馆、档案馆等文化设施，其中以门捷列夫博物馆、学术档案馆、高尔基图书馆、矿物博物馆等藏品最为丰富。

圣彼得堡国立大学的十二院楼的走廊是世界上最长的学术走廊之一，而它的历史博物馆则是俄罗斯高等学校中最古老和最大的历史博物馆。

自建校以来，圣彼得堡国立大学为俄罗斯贡献了9枚诺贝尔奖和两枚菲尔兹奖（常被视为"数学界的诺贝尔奖"），先后有600多位毕业生和教师当选为俄罗斯科学院和其他学院的院士，对俄罗斯社会的进步，乃至全世界和人类社会的进步，做出了重大贡献。

1820年的圣彼得堡国立大学主楼（局部）

比如：1869年，毕业于圣彼得堡国立大学并留校任教的著名化学家门捷列夫（1834—1907）发现了化学元素周期律，他的这一成就奠定了现代化学物质结构理论的基础，对研究种类繁多的化学物质和新元素合成起着极其重要的作用。曾经担任圣彼得堡国立大学校长的著名物理学家和电工学家海因里希·楞次（1804—1865），提出了确定感应电流方向的楞次定律。此外，他还是电磁现象学说的奠基人之一。1904年，圣彼得堡国立大学毕业生伊凡·巴甫洛夫（1849—1936）以发现条件反射规律而获得诺贝尔医学或生理学奖。

　　曾经在圣彼得堡国立大学就读半年时间的米哈伊尔·瓦西里耶维奇·罗蒙诺索夫（1711—1765），是俄罗斯人引以为豪的伟大人物。罗蒙诺索夫是俄国百科全书式科学家、哲学家、诗人、俄罗斯文学语言的奠基人、历史学家、地理学家和政治活动家。他不仅是俄罗斯科学院第一个俄籍院士，还是瑞典科学院院士和意大利波伦亚科学院院士。

　　更为重要的是，罗蒙诺索夫创办了俄罗斯历史上第一个化学实验室和莫斯科国立大学。

莫斯科国立大学主楼

莫斯科国立大学是俄罗斯第二古老的大学。莫斯科国立大学始建于1755年，它的创立是18世纪俄国高等教育史上最伟大的事件之一。这是俄罗斯真正意义上的第一所综合性大学，对俄罗斯高等教育的改革和发展产生了重大影响。

莫斯科国立大学是俄罗斯规模最大的综合性大学，它是俄罗斯最大的教学、科研和文化中心，也是全世界最大和最著名的高等学府之一。

前面说过，俄罗斯有两所享有独立自治权的联邦政府直属高校，它们就是圣彼得堡国立大学和莫斯科国立大学。这两所大学在俄罗斯联邦具有特殊地位，它们的校理事会理事长（校长）的级别相当于俄罗斯联邦教育和科学部部长。

喀山联邦大学是继圣彼得堡国立大学和莫斯科国立大学之后，俄罗斯历史上第三古老的高校。喀山联邦大学始建于1804年11月5日，当时的俄国沙皇亚历山大一世签署了建立喀山联邦大学的敕令。建校以来，喀山联邦大学一直在国内外享有很高的声誉，校内有一定的学术流派，是俄罗斯最好的高等学府之一。

喀山联邦大学全景图

喀山联邦大学位于喀山市的中心区域，坐落在喀山市最主要的大街——克里姆林大街的一端。这所大学没有高大雄伟的建筑，它的第一栋主楼修建于19世纪20年代，这栋有着经典宏伟的三门廊门的希腊式建筑至今依然完好无损，时刻彰显着悠久的历史感。如今，喀山联邦大学已经建成一个非常漂亮的希腊式建筑群落，拥有古希腊神殿般的韵味。1996年，时任俄罗斯总统叶利钦将喀山联邦大学纳入俄罗斯联邦珍贵民族文化遗产保护对象。

纪念喀山联邦大学创立 200 周年的俄罗斯邮票

　　修斯，圣彼得堡国立大学是俄罗斯现任总统普京和前总统梅德韦杰夫的母校，也是小姨我的母校。能和许多世界伟人成为校友，小姨我感到非常荣幸。我非常期待有一天你也能成为我的校友。

重游圣彼得堡国立大学的小姨

2021 年 4 月 21 日

俄罗斯的公共交通 | 从飞机火车到公交系统

亲爱的修斯：

　　坐俄罗斯航空公司的飞机，乘客们习惯在飞机落地时集体鼓掌。有人说俄罗斯飞机开得太猛，感谢老天终于让大家安全着陆；也有人说这是谢谢机长一路开飞机辛苦了。不管是哪个原因，飞机轱辘落地一刹那，确实全体乘客都会报以雷鸣般的掌声。回头修斯可以去感受一下。

　　在俄罗斯其他城市出差，我基本就是坐火车。现在，俄罗斯的火车和以前也不一样了，我记得二〇〇〇年前后，从莫斯科来圣彼得堡还需要在火车上睡一夜，现在坐在崭新的车厢里，咣当三四个小时也就到了。沿途风景如旧，驶出火车站没多久，铁轨两侧就是茂密的树林，不一会儿又是一望无际的原野。

　　在莫斯科坐火车很有意思，如果去喀山，就到喀山火车站坐车；如果去圣彼得堡，就去圣彼得堡火车站坐车。不可能记错、走错火车站。

　　除了城际火车，在俄罗斯还有一种小火车，是从市中心开到郊区的。我的好朋友阿里萨住在普希金城，我去找她一般都坐小火车，时间有保障，而且她记住了发车时刻表。去郊区玩也可以坐小火车，我以前去圣彼得堡附近的巴甫洛夫斯克公园，就是坐小火车去的。

　　俄罗斯的火车站里有自动售票机和人工售票窗，人工售票窗标有"KACCA"的字样，每座城市的收费标准都不相同。

　　俄罗斯公交车分为公共汽车、有轨电车和无轨电车，如携带大件行李，可能需要额外支付行李费用。

在俄罗斯坐公共汽车，一定要把座位让给老年人，车上也多是老年人。男士要把座位让给女士。反正俄罗斯的男士基本不坐，他们绝不会抢座。

俄罗斯人很少乘坐正规出租车，因为价格非常高。人们通常会使用叫车软件，或直接在街上拦车，顺路就搭一段，不顺路就接着拦。上车前，搭车人一般会和司机谈好价格。这么做的好处是，价格事先谈好，司机绝不会绕路。当然，如果乘客和司机相谈甚欢，很有可能少付或不付车费。

切记，在俄罗斯，在任何交通工具上都不要吃东西。

上车要排队。乘坐公共交通工具，大家会排队等车，上满一辆再等下一辆，没有人维持秩序，也不会发生踩踏事件。

> 修斯，俄罗斯是一个高素质的国家。许多俄罗斯人能放下手中的一切帮助别人。这不，在俄罗斯世界杯期间，承办4场比赛的加里宁格勒市市长亚罗舒克，通过电台节目对市民喊话："要热情好客。如果会说英语，那就跟人家聊聊天。"
>
> 常常被面冷心热的俄罗斯人感动的小姨
>
> 2021 年 4 月 15 日

美轮美奂的地下宫殿丨俄罗斯地铁

亲爱的修斯:

    今天,小姨在地铁里刚要打开冰激凌,就被工作人员严肃制止了。我忘记俄罗斯地铁里不能吃东西了。在俄罗斯,乘坐地铁时吃任何食物都会被罚款,并且罚金逐年上升。

地铁是莫斯科和圣彼得堡最主要、最便捷的交通工具之一。截至2016年1月,莫斯科共有13条营运地铁路线,圣彼得堡共有5条营运地铁路线。喀山、下诺夫哥罗德、新西伯利亚、叶卡捷琳堡、萨马拉等俄罗斯城市也拥有投入运营的城市地下轨道交通系统。

俄罗斯地铁标志为"M"。"M"是俄语Метро(地铁)的第一个字母。

莫斯科地铁标志   圣彼得堡地铁标志

俄罗斯地铁是名副其实的"地下宫殿"。为什么这么说呢？原因有三：

其一，每座车站的装潢都不一样，但大都富丽堂皇，出自名家设计。

其二，即便深入河下（莫斯科河或者涅瓦河），地铁站台也有穹顶，与城堡毫无分别。

其三，四通八达。

先来说说莫斯科地铁。

莫斯科地铁，全称为列宁莫斯科市地铁系统，被公认为世界上最漂亮的地铁之一，按运营路线长度为全球第六大地铁系统，按年客流量为全球第四繁忙暨亚洲以外第一繁忙的地铁系统。莫斯科地铁运行速度很快，时速最高达90千米。莫斯科地铁连接着莫斯科的各大主要公共场所，所以那里的大多数标志性建筑附近都有地铁站。

莫斯科地铁第一线开通70周年纪念邮票

1935年5月15日，苏联政府出于军事方面的考虑，正式开通莫斯科地铁。地下铁道考虑了战时的防护要求，可供400余万居民藏身之用。我们被允许通过的路线，只是搭乘地铁的路线，但莫斯科地铁的大部分通道和空间被藏匿了。

我第一次在俄罗斯坐地铁的时候震惊了。地铁口卧着各种长得和狼一样的流浪狗，地铁站大门像城门一样重，不用尽全力推不开。进入地铁，坐上扶梯，感觉手扶梯与地面角度只有60度。手扶梯飞速滚动，从踏上手扶梯的那一刻开始，大约用时5分钟，甚至10分钟才到站台。所有人靠右站立，左侧是快速通道。如果赶时间走左侧，就等于在飞速滚动的手扶梯上飞奔。地铁车厢像一辆辆重型坦克。

我后来才知道，莫斯科地铁的车站深埋地下的居多，如狄纳莫站埋深达40米。这些深埋车站隧道的断面采用单拱、三拱立柱、三拱塔柱等形式，并设置岛式站台。深埋站台宽度一般为10米至14米（浅埋车站一般为8米至10米），站台面至穹顶的高度为4米，站台长度一般超过150米。

莫斯科地铁站的建筑造型各异，华丽典雅。每座车站都由著名建筑师设计，各有独特风格，建筑格局也各不相同，多用五颜六色的大理石、花岗岩、陶瓷和彩色玻璃镶嵌。除了各种浮雕、雕刻和壁画，莫斯科地铁的照明灯具也十分别致。

有些地铁站以著名文学家为主题，配上各种人物的雕塑和历史题材的浮雕，在明亮的灯光照耀下，既展示了历史画卷，又显得富丽堂皇，人们既获得艺术上的享受，又从中获得精神上的教益。

爱国主义也是莫斯科地铁壁画的主题。俄罗斯每个历史时期的重大历史事件，如1812年俄国卫国战争、十月革命等。有的地铁站以反法西斯战争为主题，反映了苏联人民英勇奋战的壮观场面。

除顶灯外，莫斯科地铁车厢还设计了便于读书看报的灯光。

圣彼得堡地铁则是另一番景象。

与莫斯科地铁的线网不同的是，圣彼得堡很重视地铁与铁路接驳。圣彼得堡全市有5座火车总站，而早在苏联时期就开通的1号线首期的7站里已经接上了其中的3座。此外，1、2、3号线都有贴着铁路、与之直接换乘的站点。

俄罗斯邮票上的莫斯科地铁站

圣彼得堡地铁内部的马赛克画

修斯的秘密笔记

圣彼得堡的第一条地铁于1955年11月15日通车。截至2017年，圣彼得堡有5条地铁线，运营里程为113.5千米，共67座车站（其中7座为换乘站），将中心城区与被大小涅瓦河分割的大大小小的岛屿和城郊连接在一起，有的站之间行程长达5分钟以上。

圣彼得堡地铁站的结构、格调也差异颇大，早期建成的不少车站是斯大林时期宏伟的廊柱建筑风格、俄罗斯传统的圆顶巴洛克式建筑。

圣彼得堡地铁站一般都设在商店的底层或十字街头的地下人行道里，有的直接与火车站的地下通道相连，而且每个地铁出口都设有公交车站。

圣彼得堡地铁与莫斯科地铁一样，车速快，发车密度高，一般两三分钟就会来一趟列车，高峰期甚至仅间隔20秒至30秒。

圣彼得堡最深的地铁站是5号线海军部站，深达86米，是全俄罗斯，甚至全世界最深的地铁站。

整体上，圣彼得堡地铁网是以南北向线路为主的放射形结构。除了4号线以外，其余4条线都是由两条从市中心向外延伸的放射线组成。圣彼得堡地铁线的名称也正是两条放射线的合称。

按照规划，2035年前后，圣彼得堡地铁8号线环线建成后，线网格局会变成环形放射状。

在一代又一代设计师和工程师的努力下，圣彼得堡的地铁建设者把超深地铁站建造技术和装修设计玩出了无数花样。

修斯，相信你现在已经大致了解俄罗斯的方方面面了。希望当你来到这个国家时，不会吃惊，不会迷惘，不会害怕，而是熟悉、放松的。我会去机场接你，带你逛遍小姨曾经去过和没去过的大街小巷。

期待早日和你一起畅游俄罗斯的小姨

2021年4月20日

附录Ⅰ
在俄旅行的重要联络方式和注意事项

全俄通用联络方式

据俄罗斯信息部发布的信息，自2014年1月27日起，全俄境内紧急救助服务电话发生变更，需在原来的相关号码前加拨"1"。

火警：101

匪警：102

急救：103

此外，通过拨打112可转接至上述紧急救助电话。

联系使领馆

中华人民共和国驻俄罗斯联邦大使馆（莫斯科）

地址：莫斯科市友谊街6号（г.Москва, ул.Дружбы, д.6, 115127）

邮编：115127

办公时间：周一至周五下午3:30至6:00（节假日除外）

传达室电话：007-499-9518443

中文服务电话：007-499-951-8584

俄文服务电话：007-499-951-8435

网址：http://ru.china-embassy.org/chn/

电子邮箱：chinaemb_ru@mfa.gov.cn

中华人民共和国驻圣彼得堡总领事馆

地址：圣彼得堡市戈里鲍耶多夫沿河街134号（РОССИЯ, г.САНКТ-ПЕТЕРБУРГ, НАБ. КАНАЛА ГРИБОЕДОВА, 134）

国家地区号：007-812

总领馆工作时间：上午9:00—12:00，下午3:00—6:00

领事组对外接待时间：每周一、三、五的9:00—12:00

办公电话/传真：7138009、7147670

网址: http://saint-petersburg.chineseconsulate.org/chn/

电子邮箱: chinaconsul_sp_ru@mfa.gov.cn

寻求领事保护

莫斯科领事保护与协助电话: 007-499-951-8661

圣彼得堡领事保护电话: +7-812-7137605、810-86-10-12308

中国外交部全球领保与服务应急呼叫中心电话: 00861012308

安全注意事项

中国公民在俄罗斯旅行、逗留期间曾遇到被盗、被抢、被殴、遇袭、被骗、被敲诈勒索等不幸事件,旅俄中国公民要提高安全防范意识,保护自身生命和财产安全。一旦遇到不法侵害,应及时报警。

- 增强自我保护和防范意识。
- 入境后及时办好居留手续。
- 妥善保管护照、签证等证件,留存若干复印件,以备不时之需。
- 外出时随身带相关证件,少带现金和贵重物品。
- 当地货币兑换点颇多,兑换时要注意清点钱数。
- 旅游景点、地铁、商场、车站等地方要谨防小偷。
- 不要对着鸽子等鸟类拍照,更不要抚摸它们。
- 不要与身着古典服装、动物服装等的人偶合照,以免遭遇欺诈。
- 遇警察检查证件时,请其先出示证件,并牢记其姓名、警号、警车号等有关资料。一旦遇到不法侵害,可作为线索向有关督察部门报案。
- 晚上尽量避免户外活动。如必须外出,尽量避免在黑暗或僻静地段活动。
- 尽量不去迪厅、酒吧、夜总会、赌场等场所。
- 乘坐公共交通工具外出时,要注意安全。
- 遇到陌生人造访,不要随意开门。
- 节假日期间,不要凑热闹。
- 注意言行举止,公共场所不要大声喧哗。

- 不要接受陌生人的邀请和馈赠。

- 女性不要单独搭乘陌生人的汽车。

- 不要轻信任何声称是中国驻外使领馆等的来电，更不要提供自己的姓名、微信号、住址、家庭情况、银行账户等信息。如接到可疑电话而又无法辨别真伪时，先挂断电话，待进一步核实后再进行相关操作。

特殊注意事项

- 按照俄罗斯有关法规，签证过期属于行政违法（即使过期1天），应请接待方（邀请方）协助内务局移民部门处理，并经法院判决方可出境。对于签证过期的人，法院通常会判处罚款并遣返出境。

- 根据中俄两国关于互免团体旅游签证协定的有关规定，"免签"不假，但团队领队必须随身携带经对方国家主管部门和接待旅行社盖章确认的含有团员护照信息的名单原件，交由边防人员查验。同时，俄方接待旅行社应提前将俄方名单交边防部门备案。在查验两份名单无误并有接待旅行社代表在场的情况下，边防部门放行。如名单信息有误或忘带名单原件，全团均不能入境。

- 俄罗斯夏季气温不高，昼夜温差较大。建议出行前备好薄外套，带好常用药品。

- 当地人英文普及程度一般。如果不会俄语，建议提前下载翻译软件或找懂俄语的旅伴同行。

- 在莫斯科市和圣彼得堡市，乘坐地铁非常便捷，也可以选择乘坐出租车出行。不同出租车公司、不同车型的资费标准不同，打车前一定要充分了解计价方式，记录车牌号、司机信息（如有可能），以便发生纠纷时有效维权。

亲爱的修斯：

　　有句俄罗斯谚语说："Один раз увидеть лучше, чем сто раз услышать."（百闻不如一见。）通信这么久，你想不想来俄罗斯看一看呢？

　　这里冬季异常寒冷，但室内特别温暖；夏季炎热，有吃不完的冰激凌。俄罗斯人很慷慨，熟人相遇总是互相问好，不相识的人在公共场所走个对脸，也习惯打个招呼："早上好呀！""您好呀！"第一次见面就能感到俄罗斯人的真挚友善，哪怕是陌生人，他们也会拿出饮料和食品与你共享。

　　俄罗斯地大物博，有很多让人流连忘返的城市，如"森林中的首都"莫斯科、"北方威尼斯"圣彼得堡、以女沙皇叶卡捷琳娜一世的名字命名的叶卡捷琳堡、"高尔基的故乡"诺夫哥罗德、湖泊星罗棋布的车里雅宾斯克。那里有数不清的宫殿、教堂、剧院、桥梁等，还有富丽堂皇的地铁站。

　　虽然小姨在信里详细给你讲过，也给你发过照片，但你想不想亲眼看看色彩缤纷的圣瓦西里大教堂？想不想在世界上最大的喷泉园林玩水？我敢保证，那时你一定会感到无比震撼。

　　一定好好学学俄语哟！"你好！""谢谢！""再见！"，熟练使用这些礼貌用语在这个国家能事半功倍！

　　好了，就写到这里吧。

爱你的小姨
2021 年 4 月 30 日

后　记

俄罗斯这个国家，让人捉摸不透。别说对青少年了，对任何成年人，我们都很难描述清楚这个国家。

若说它地广人稀，莫斯科的交通拥堵程度简直让人怀疑人生，20公里的城市道路，我曾经开车走了5个小时。若说俄罗斯人民热情似火，商店里遇到冷脸服务员太正常了。但要说人家不近人情，大街上任何陌生人都可能会帮你抬婴儿车或旅行箱。

只能说，这就是俄罗斯。

俄罗斯是全世界领土面积最大的国家，横跨欧亚大陆，东部有些城市与中国接壤，北部的摩尔曼斯克地处北极圈地区，西部的圣彼得堡与北欧三国隔海相望。俄罗斯人由194个民族组成，注定它在方方面面富有多样性。

一本书怎能把俄罗斯讲全面呢？

在本书中，"不变"的是介绍俄罗斯概况和历史，"万变"的是呈现俄罗斯的独特文化、生活习惯、宗教信仰、教育系统等。不同年龄层对事物的认知不同，我尽力客观准确地描述所见所闻，复杂事情简单说，简单事情幽默讲。希望本书既能帮助大小读者开阔视野，也能给他们留下想象空间。归根结底，希望本书是一本有趣的课外读物，增加小读者的见识，向中国的青少年正面介绍俄罗斯；也希望他们在不久的将来把中俄两国友好的薪火传递下去。

决定写这本书的时候我还没有孩子，未曾想谁会读到它。这本书出版的时候，我做了母亲。太好了，它至少会有一个读者。

因为一首歌——《流浪的小孩》，我想出去看看外面的世界有多宽阔。左选右选，我最终选择了去俄罗斯。因为我听说俄语难学，想挑战一下自我；因为俄罗斯离中国不近也不远；还因为它曾是中国人民心中的"老大哥"。

至今，俄罗斯对我都是既熟悉又陌生的存在。

"一千个读者眼中有一千个哈姆雷特。"本书中必定有各位读者不认同的地方或疏漏的地方。敬请方家批评指正。再次谢谢大家。

最后，由衷感谢中国国际广播出版社给予我机会创作此书，感谢编辑老师细致周到的工作。谨将此书献给喜欢俄罗斯、想了解俄罗斯的大小朋友。

蒋 习

2021年5月6日